ルポ
スマホ育児が子どもを壊す

石井光太

新潮社

プロローグ――教室から子どもがいなくなる

数年前、関東のある公立小学校を取材で訪れた時、こんな光景に出くわした。

4年生のクラスでは、国語の授業が行われていた。40人学級で、5席が空席だった。今の小学校では児童の1割ほどが不登校、あるいは不登校予備軍であり、このクラスも同じだという。私は副校長（50代男性）と共に教室の後ろで見学をした。

教壇では、先生（30代男性）が国語の教科書を読んでいた。しばらくして、ある男の子が指されて解答を求められたが、まったく見当違いなことを言った。先生が「なぜそう思った？」と尋ねると、男の子は何かもごもごと言った後、急に椅子ではなく、床にペタンと座り込んだ。

先生が「大丈夫か」と尋ねると、男の子は「うん」と言ったきり黙った。先生は「そうか」とうなずき、別の子どもに答えを求めた後、淡々と板書をはじめた。他の子どもたちは黙ってそれをノートに書き写す。先の男の子は床に座ったままだ。

男の子を放っておいていいのだろうか。そもそも、なぜこの子は床に座っているのか。後に私は隣にいた副校長に、彼には障害があるのかと尋ねたが、そういうわけでもないらしい。

数分すると、また信じがたいことが起きた。別の男の子がすっくと立ち上がり、何も言わずに教室を出ていったのだ。トイレだとしても、先生に一言伝えてから行くのが普通だろう。訝《いぶか》しんでいると、さらに別の男の子が立ち上がり、教室の外へ歩いていく。

先生も周りの子どもたちも、気づいているはずなのに、出ていった2人には見向きもせずに授業を継続している。副校長も子どもたちのことには関心を示さず、うなずきながら授業を見ている。

私は床に座ってじっとしている男の子と、空いた二つの机を交互に見ながら、狐につままれたような気持ちになった。この状態はまったく変わらないまま、数十分後にはチャイムが鳴り、授業が終わった。

授業終了後、私は副校長に、男の子たちの奇行について尋ねた。副校長は苦笑した。

「あのクラスはああいう子がちょっと多いんです。昔はクラスに2、3名は騒いだり暴れたりする子がいたじゃないですか。今はみんな良い子を演じるのがすごく上手になって、トラブルメーカーは減っています。その代わり、いきなり教室からいなくなるとか、よくわからない行動を取るようになったのです」

解《げ》せなかった。まず、いなくなるとは、どういうことなのか。

「さっき見ていただいたように、教室から黙って出ていってしまうんです。理由を聞くと、『教室の〝アッ〟（圧力、プレッシャー）がすごい』と言います。『教科書を見てて疲れたから』とか『息苦しいから』と答える子もいる。座って授業を聞くことに我慢ができず、精神的に参ってしまうようです。それで教室を出ていく。大半の子は校内でブラブラしていますが、中には帰宅してしまう子もいるので、事故に遭うのではないかと心配です」

子どもたちのよくわからない行動とは何なのか。

「教室の床に座り込むとか、机に突っ伏すといったことです。ずっと首を左右に振っているような子もいます。彼らは先生に反抗してそうしているわけじゃありません。授業や他の児童について何かを言いたいみたいなんですが、それをうまく言葉にできないので、急にバタッと床に倒れるなど変わった態度をとってみせる。本人にしてみれば何かを伝えているつもりなんでしょうが、こちらとしては意味がわかりません。どうしたのかと聞いても、答えられないわけですから。こういうクラスでは、先生が『後ろを向くのが怖い』と言います。振り返るたびに子どもが減っていたり、床に横たわっていたりしたらどうしよう、と思うと、気が気でないのです」

副校長によれば、近年、こうした現象は小学校だけでなく、中学や高校でも見られるようになり、**〝静かな学級崩壊〟**とか**〝静かな荒れ〟**と呼ばれているという。

これは一部の学校の特殊な例ではない。

実は、全国的にこうした現象が増加していることを裏付ける統計がある。その一つが、1998年度と2019年度の学級状況を比較した論文「「学級がうまく機能しない状況」(いわゆる「学級崩壊」)の実態調査と克服すべき課題」(増田修治、井上恵子『白梅学園大学・短期大学教職課程研究』第3号所収)だ。

調査によれば、学校で「『よい子』を振る舞う子が増えた」と答えた先生は、1998年の35・4%から2019年の48・5%と大幅に増加。また、「授業中無断で教室から出ていく」は、23・5%から28%に増えている。かつてのような騒いで出ていく子がいなくなり、静かに消えていく子どもがそれ以上に増えたのだ。

良い子を演じる子どもたちが起こす〝静かな荒れ〟。先生たちは、こうした現象に対応する術《すべ》をほとんど持っていない。ゆえに見て見ぬふりをするか、その子の特性なのだと自分に言い聞かせて授業をつづけるしかなくなっているという。

これまで私はノンフィクション作家として、子どもをテーマにルポルタージュや児童書を書いてきた。教育現場への取材だけでなく、教育関係者向けの講演・講習会も年に30回はこなしている。その経験から言えば、子ども自身は本質的に変わっていないが、成育環境や、彼らが示す言動は以前とはまったく別質のものになっている。

十数年前から、大学の教員の間で次のような声が上がるようになった。

「うちの大学は受験シーズンが終わってからが大変なんです。今の学生はコミュニケーションがものすごく下手で、自分から人と接して関係を築き、情報を交換し合うことができないんです。

だから、合格通知を出した後、4月の入学式までに何度も入学前オリエンテーションを開いて、『友達の作り方』から『サークルの入り方』まで教えてあげないといけない。

大学の授業がはじまったら、週に各1回『授業の受け方』『レポートの出し方』『参考書の買い方』を教える指導をするんですが、それでも講義の途中で教室を出ていったり、机に突っ伏したりする子が続出する。授業がつまらないのかと聞くと、そういうわけではないらしく、『教室にいるのがしんどい』とか『人がたくさんいて目がクラクラする』なんて言う。なんだか人間が変わってしまったように感じます」

この大学では、学生の不登校を防ぐため、親との三者面談や、授業参観などを頻繁に開催しているという。近年、学力レベルの低い大学ほどこうしたことが珍しくなくなっている。

中高年層の人々には、にわかには信じがたいことかもしれない。しかし、小学校で〝静かな学級崩壊〟を引き起こしてきた子どもたちが大学に進学すれば、こうした事態が起こるのは必然ではないだろうか。

同様のことは、企業の「Z世代」と呼ばれる新入社員についても当てはまるかもしれない。入社試験の時の親の付き添いや、内定同意を親に取る〝オヤカク（親確認）〟。さらには入社前後の手厚いケア……。

ただ、今の10代以下の子どもたちは、Z世代よりさらに若い「AIネイティブ」とも呼べる世代だ。月齢期からスマホを手にし、デジタルネイティブの親に育てられ、育児や教育の一部をAIによって担われ、思春期になればバーチャル世界で友達や恋人を作っている。そんな子どもたちの間では、不登校、発達障害、精神疾患、自殺、校内暴力といった深刻な問題がここにきて急増している。

私は親世代の人々とよく会うが、この数年「子どものことがわからない」という悲痛な声をよく耳にするようになった。大学に入ってくる新入生、あるいは企業に入ってくる新入社員に対する同じような声も年々大きくなっている。

たしかに私たち大人は、ＳＮＳやＡＩの存在を知っていても、その中で生まれ育った子どもたちの人格がどのように形成されているかはまったくといっていいほどわかっていない。もしかしたら今の子どもたちは、これまでの常識がまったく通用しないような「進化」を遂げているのではないだろうか。

だとすると、現在中高年が感じるZ世代への世代間ギャップは、これから社会に出てくるＡＩネイティブに対するギャップの予兆にすぎないことになる。本当の〝シン・日本人〟が出現するのは、この先ということだ。

そんな子どもたちの内面で起きていることを理解するには、家庭や学校での成育環境に光を当てる必要があるだろう。今回、それを行うために、私は独自に保育園から大学まで２００人を超える教育関係者にインタビューやアンケートを実施した。

保育園から高校の教員が30〜50人くらいずつで、大学が15人ほど。年齢層は40代以上のベテランが7割だが、20〜30代の若手も3割いる。もっとも近くで子どもたちを見つめ、その問題を把握している彼らの目に、子どもはどう映っているか。

これから記すのは、そのようにして見えてきた今の子どもたちのありのままの姿だ。比較認知発達科学を専門にする京都大学の明和《みょうわ》政子教授は、私のインタビューに対して次のように言い表した。

「デジタルの時代に生きる子どもたちの成育環境は、ホモサピエンスのそれではなくなっています。20〜30年前までに子どもたちを取り巻いていた環境とはまったく違うと考えた方がいいと思います」

ホモサピエンスの成育環境とは、子どもが親族や地域の集団の中に身を置いて、他者との直接的な触れ合いによって成り立っていたものだった。今はそれがデジタルやアフターコロナの環境に取って代わられた。

そのような中で育ち、教室に座っている〝シン・日本人〟を解明してみたい。

本書には『週刊新潮』短期集中連載全3回『コロナ・チルドレン』(2023/8/17・24号「「スマホ依存」が子どもの心を殺す」、2023/8/31号「同じクラスでも名前すら知らない…」、2023/9/7号「「体育」を怖がる子どもたち」)の記事が一部収録されている。

装画・挿画　鈴木マサカズ
図版製作　ブリュッケ

ルポ　スマホ育児が子どもを壊す　目次

II部　小学校で　75

ルポ　スマホ育児が子どもを壊す

Ⅰ部　保育園・幼稚園で

1　公園から遊びが消えた日

公園で立ちすくむ園児

東京都の保育園で働く40代の女性の先生の体験談を紹介しよう。

この先生は、短大を卒業後、４年ほど保育士として働いていたが、結婚を機に専業主婦をしていた。子育てが一段落した頃、元同僚で、今は園長になった先生から園で働かないかと声がかかり、20年ぶりに保育士として復職したのだ。

その保育園は、駅前の商店街のビルの中にあった。園庭がないため、外遊びをするには「お散歩カート（柵付きの台車）」に子どもたちを乗せ、近所の公園まで連れて行かなければならない。

そうやって公園に到着し、子どもたちをお散歩カートから降ろした時、先生の目の前には20年前とはまったく違う光景が広がった。子どもたちが無表情で立ちすくみ、動こうとしないのだ。

保育士になったばかりの時の経験では、先生が遊び場へ連れて行くと、子どもたちは大声を上げて駆けだし、思い思いに好きな遊びをしたものだった。何人かは追いかけっこをし、何人かは砂場でおままごとをし、何人かは虫探しをする。外遊びの時間が過ぎて、先生が「帰りますよ」と声をかけても、みんな聞こえないふりをして遊びつづける。

しかし、久しぶりに見た子どもたちは違った。何人かがとぼとぼと遊具の方へ向かっただけで、半数以上の子たちは何をしていいかわからないといったようにじっとしているだけなのだ。

先生は動揺して言った。

「何でも好きなことしていいのよ。ボール持ってきたからこれで遊ぶ？」

子どもたちは反応を示さない。中には「疲れるから嫌」と言う子もいた。先生が手を取って滑り台へ連れて行っても、彼らは興味なさそうに淡々とこなすだけだった。

この日の夕方、保育園のミーティングで、先生は公園での出来事を話した。すると、園長から次のように言われた。

「今の子どもは、あなたが知っている時代の子どもとはまったく違うと考えてください。**彼らは外で自由に遊んだ経験がないので、遊び方がわからない**のです。大人がルールを教えて、これをこのようにしなさい、と言えばやれるのですが、自分で遊びを考えて、みんなとルールを共有してやるといったことができない。だから、公園に連れて行くだけでは、どうしていいかわからずに戸惑ってしまうのです」

昔は〝遊ぶのは子どもの仕事〟と言われていた。子どもは遊び道具がなくても、公園に落ちているビニール袋や、木の枝を見つけて、そこから自分たちで遊びを考え出したものだ。「缶蹴り」などはそうやって生まれた遊びだろう。それが一体どうしたのか。

先生は戸惑いながら尋ねた。

「公園で私の方からタスケ（三歩ドッジボール）などいくつかの遊びを提案しました。でも、乗ってくる子はどれも2、3人で、みんなで何かをやろうということになりませんでした。あれはなぜなんですか」

園長は答えた。

「昔はタスケを知らない子でも、知っている子にルールを教わってやっていましたよね。でも、今の子はコミュニケーションを取るのが苦手で、やり方を教えてくれと言ったり、ルールを他の子に説明したりすることができません。だから、先生が個別にやり方を教えた上で先導しなければ、なかなか動こうとしないのです」

友達の輪を作れない。そう言われ、先生は20年ほどの間に保育の仕方がまったく変わったことを認めざるをえなかった。

遊ぶのが恐ろしい

今回インタビューをした保育園、幼稚園の先生たちの大半が、「遊び方を知らない子どもが増えた」と口をそろえた。

本来、遊びの形なんてあってないようなものだろう。全国的に広まっている定番の遊戯はあるにせよ、子どもたちにしてみれば、公園でも道路でも思い思いに好きなことをやって、楽しいと感じれば、それはすべて遊びだ。その点において子どもは遊びのプロなのだ。

しかし、その遊びができない子が増加しているという。先生方はどういうところからそれを感じているのか。2人のベテラン先生の言葉を紹介しよう。

まずは、保育園の園長（関東、50代男性）の言葉である。

「人と遊ぶことが苦手な子が増えたね。昔の子には、どんなことでもみんなでやるのが楽しいという共通感覚があった。だから、子どもたちは自然と友達の輪を作り、自分たちで遊び方を決めて、ヘトヘトになるまでやった。けど、今は一人遊びをすることが増えた。友達の輪を作らないで、けん玉や積み木のように単独でできることを黙々とやる。

こういう子たちは、人と遊んだ経験が少ないので、周りの子たちと一緒に何かをすることに興味を持てないんだと思う。そもそも人とどう付き合っていいかわかっていない。だから先生が既存の友達の輪に入れても仲良くできないんだ」

次は、別の園長（関東、40代女性）の言葉だ。

「知らない遊びをするのを怖がる子が多くなりました。家でやったことのある遊びなら普通にする。でも、友達が新しい玩具を持ってきたり、新しい遊びをやろうと持ちかけたりしても、黙ってじっとしている。なんでやらないのかと尋ねると、そういう子は『（遊び方を）知らないから』と答えます。新しいことに興味を持って、やり方を教えてもらおうという意欲がないのです。

私の推測ですが、そういう子たちは自分で楽しいことを見つけ出して、ドキドキしながらやった経験が乏しいんじゃないでしょうか。新しいものを発見する喜びとか、それをする時のワクワク感を知っている子は、どんどん新しいことをやろうとしますが、その経験がない子は見向きもしないのです」

他にも大勢の先生方が、遊ぶことに消極的な子が増えていると指摘していた。遊びに対する考え方や価値観が変化しつつあるのかもしれない。

自由な遊びとは何か

子どもたちの間でこのような現象が起きている要因は何なのだろう。先生方が一様に指摘していたのは、子どもが遊びから得ていた経験値が減少、あるいは変化している点だ。

これを考える前に、遊びとは何かについて押さえておきたい。

かつて子どもの遊びは、主体的、かつ自由に行われるものだった。近所の子どもたちが空き地に集まり、そこでグループを形成して、みんなで話し合いながら好きなことをしたり、面白そうなことをしたりする。

発達心理学を専門にする慶應義塾大学の今井むつみ教授は、『学びとは何か』（岩波新書）の中で、アメリカの研究者による「遊びの五原則」を紹介している。

- 遊びは楽しくなければならない。
- 遊びはそれ自体が目的であるべきで、何か他の目的（例えば、文字を読むため、英語を話せるようになるため）であってはならない。
- 遊びは遊ぶ人の自発的な選択によるものでなければならない。

・遊びは遊ぶ人が能動的に関わらなければならない。遊ばせてもらっていたら遊びではない。
・遊びは現実から離れたもので、演技のようなものである。子どもが何かの「ふり」をしていたらそれは遊びである。

映画や漫画で描かれる昭和の子どもたちの遊びをイメージしてみてほしい。

あの時代の子どもたちは、大人たちの監視下で、決まったルールに従って遊んでいたわけではなかった。大人たちの目から離れ、地域の多様な子たちと離合集散をくり返しながら、ヒーローや泥棒に化けて追いかけっこをしたり、母親やお姫様に扮《ふん》しておままごとをしたりした。「鬼ごっこ」や「どろけい」などは、まさに真似事から生まれた遊びだ。

そのような遊びは、単なる娯楽に留まらず、**子どもたちが生きていく上で必要な能力を総合的に伸ばす役割を果たす。**人間関係の築き方、創造することの喜び、未知なるものへの好奇心、仲間に受け入れられたという安心感、助け合うことの素晴らしさ……。この点において、自由な遊びは社会で生きていくための準備運動のようなものだといえる。

大人ファースト社会

しかしながら、今回話を聞いた先生方によれば、ここ十数年の間に自由な遊びを禁じる風潮が強まったという。

昭和の時代から、日本では経済発展に伴って野原や空き地が減少し、子どもたちの遊び場が狭められたことが指摘されてきた。それでも子どもたちは遊びへの意欲を失うことなく、森がなくなれば団地でかくれんぼをし、公園でボール遊びが禁じられれば駐車場でやっていた。

だが現在では、そうした遊びさえも規制されつつある。先の50代の園長の言葉だ。

「今は**社会全体が、子どもたちが自由に振る舞うことを厳しく禁じている時代**だと思う。せっかく親が子どもを公園へ連れて行っても、『うるさい』とか『危ない』とか言われて行動が制限されてしまう。マンションの駐車場や非常階段に至っては子どもの立ち入り自体が禁止されているところもある。

かわいそうなのは、子どもを持つ親だ。子どもが自由にしていると、世間の怒りは親に向いて『なんでおとなしくさせない』『なんでちゃんと管理しない』と言われる。だから親も子どもを自由にさせたくてもできないというのが現状なんだと思う」

子どもたちが自由に振る舞うことを禁じられているのは、遊び場だけに限らないだろう。電車やバスに乗っていれば、赤ん坊が泣きだした途端、若い親が周りに気をつかって平謝りしたり、逃げるように途中下車したりする姿に出くわす。あるいは、デパートではしゃぐ幼児を親が大声で叱りつけている姿を見るのも日常茶飯事だ。

最近ではこどもの日に「こいのぼり」をベランダに飾ることを禁じるマンションまであるらしい。こいのぼりがはためく音が住民に迷惑なのだそうだ。

私自身、これまで世界の色んな国を回ってきたが、それと比べると日本では子どもを静かにさせろという圧力が非常に大きい。乳飲み子が泣くのも、子どもがデパートで心を躍らせるのも、こどもの日を祝うのも極めて自然なことなのに、そうしたことすら眉をひそめられる。

どうしてこんなことが起きているのか。明確に言えるのは、大人たちが精神的な余裕を失っていることだ。

誰でも気持ちにゆとりがあれば、子どもの楽しむ姿を微笑ましい気持ちで見守ることができるはずだ。しかし、目の前のことでいっぱいになっていれば、いら立ちを子どもにぶつけてしまう。

そうなった背景に、ここ数十年の社会変化があることは確かだろう。格差社会の中で大人に経済的な余裕がなくなった。親の監督責任が問われるようになった。コンプライアンス（法令遵守）の考えが幼い子どもにまで押し付けられた。高齢化で子どもよりお年寄りが優先されるようになった等々。

何か一つの原因があるというより、複数の要因が重なり合い、子どもファーストではなく、〝大人ファーストの社会〟ができ上がった結果、子どもたちの聖域だった自由な遊びの機会が奪われていったといえるのだ。

2　ゲームが引き起こす感覚麻痺

親がゲームを与える理由

社会の中で大人ファーストの圧力が大きくなると、子どもたちは公園、駐車場、道路で自由に過ごせなくなる。そのため、園が終わったら、親たちはできるだけ早く子どもを家に連れて帰る。

幼稚園に勤める先生（関東、40代女性）の言葉だ。

「今の保護者はとても周りに気をつかっています。他の親ともあまり接点を持ちませんし、お迎えで子どもを引き取ったら、公園にもスーパーにも寄らず、まっすぐに帰宅する。

本音では、保護者も園の前で友達と遊ばせたいとか、公園に寄ってあげたいと思っているはずです。でも、外で子どもを自由にさせると、子どもだけでなく、それを許している親まで批判される。子どもを自由にさせる親は、子どもの自分勝手を放置していると見なされてしまうんです。

それで、そそくさと子どもを家に連れて帰るのですが、家は狭いし、一人っ子や二人きょうだいが多いので、結局はゲームをやらせるだけとか、スマホで動画を見せるだけとなりがちなのです」

親にしてみれば、公園で自由に遊べないのならば、せめて家の中では伸び伸びと娯楽を楽しんでほしいと願うのは当然だ。そんな親が子どもに与えるのが、ゲームやタブレットといった最新の機器だ。

若い親にとって何万円もするゲーム機本体や、数千円もするゲームソフトは決して安い品ではないはずだ。それでも、家計を調整して買い与えるのは、子どもが喜んでくれるとか、多忙な中で子どもの相手をする時間が省けるといった理由からだろう。

先生方もそうした親の気持ちに一定の理解を示しつつ、遊びを通した子どもの成長という観点からすれば、商品としての玩具には限界があるとも指摘する。先生はつづける。

「市販のゲームが面白いのはとてもわかります。私の子どもも夢中になってやっていましたから。ただ、リアルの遊びと違うのは、結局は大人が作ったストーリーに沿ってやっているに過ぎず、**生きていく上で必要な多様な経験値を得られない**という点です。

たとえば、年上の人と仲良くなる楽しさとか、みんなで秘密基地を作って得る精神的な安心感とか、友達数人とお腹が痛くなるまで笑い転げて『仲間っていいな』って感じるといった体験が、ゲームでは得られません。そうなると、人と外遊びをすることに興味を持てなくなるのです」

私はゲームを一概に有害な代物だとは考えていない。最近のゲームは非常に巧妙にできていて、感動もあれば、知的情報も数多く盛り込まれている。

ただし、子どもがゲームを通して獲得できるものと、自由な遊びから獲得できるものは別物だ。その点からすれば、自由な遊びをしなくなり、ゲーム一辺倒になれば、子どもに影響が及ぶことは十分に考えられる。

先生方が指摘しているのは、その影響が大きくなり、人とつながれない、リアルの遊び方がわからない、遊びに興味を持てないといった子が増えているということなのである。その象徴が、先述の公園で立ちすくむ子どもたちなのだ。

最新の遊びが感覚を麻痺させる

ゲームのことで大勢の先生が指摘していたのが、やりすぎによる感覚の麻痺についてだ。先の先生は話す。

「ゲームばかりをやりつづけている子は、リアルの物事に対する感覚が鈍っていると感じます。最近のゲームは迫力満点で刺激的でしょ。昔のファミコンなんかとは全然違う。

そのような強い刺激に慣れると、自然との触れ合いや友達との遊びの中での小さな感動が感じられなくなるのです。極端に言えば、人と外で遊ぶ意味がわからないといった感覚に陥ってしまう。私たちが外遊びに誘っても、2、3歳の子から『嫌だ。ゲームがいい』と言われるのは日常茶飯事です」

ゲームは、大企業が膨大な投資をして仕様を決めたエンターテイメントであり、一見能動的なように見えて、実は大人の目論見《もくろみ》通りのことをやっているにすぎない。しかも、それをしている間は脳内に大量のドーパミンが放出されて、リアルでは味わえないような興奮状態になる。そうした体験を毎日何時間もしていれば、**感覚麻痺に陥って、小さな刺激では物足りなくなる**のも無理はない。

先生方から出た懸念は、ゲームだけに留まらない。スマホやタブレットの方が悪影響が大きいのではないかという意見もある。別の先生（関西、30代女性）は話す。

「今の子どもたちが見ているショート動画はゲーム以上に変な刺激が満載だと思います。数秒から数十秒の中で激しい音と映像がくり広げられ、それを半永久的に見られるようになっている。そこにはストーリーも感動もありません。ただただ、子どもたちにとってショッキングな映像だけが流れている。それを1時間に何十本、何百本と見ている子どもの心がどうなってしまうのか心配で仕方ありません」

この先生は、今の子どもは、四葉のクローバーを見つけた時の感動や、川での水切り遊びで石が友達より1回でも多く水面を跳ねた時の喜びを感じられなくなっていると嘆いていた。

ある幼稚園では、次のような出来事があったという。

『スプラトゥーン』をやっているからいい

園で開かれる発表会のために、先生方が2週間かけて段ボールで大きな恐竜を製作することにした。例年は恐竜の胴体に子どもたちが折り紙を貼っていたのだが、この年は白い段ボールで作った恐竜の胴体に絵具で色を塗らせた。みんなで色付けをする楽しさを味わわせたかったのだ。

先生が絵具を持ってきて好きに塗っていいと言ったところ、子どもたちの反応は乏しかった。ちょっと色付けしただけで飽きてやめるとか、「めんどくさい」「疲れそう」と言ってやろうとしないのだ。

先生が、興味がないのかと尋ねると、ある子が答えた。

「家で『スプラトゥーン』をやりまくってるから、（やらなくて）いい」

『スプラトゥーン』とは、任天堂が開発した町中《まちじゅう》で塗料を撃ち合うアクション・シューティングゲームだ。激しいBGMの中で、キャラクターが疾走しながら町や対戦相手に塗料をぶちまけて戦いをくり広げる。

子どもたちは日常的にこのゲームをやっているので、段ボールの恐竜に絵具を塗る作業には興味がわかないというのだ。先生は愕然《がくぜん》とした。

この話にはつづきがある。

先生は、子どもたちに関心を持ってもらおうとペンキスプレー缶を持ってきた。筆で塗るより、スプレーの方が楽しく感じるのではないかと考えたのだ。

その子は、ペンキスプレー缶を間違って持ち、自分の指に少しだけ塗料をつけてしまった。すると、「嫌だ！　汚い！　先生、手を洗って！」と大泣きしはじめた。

毎日ゲームの中では町中に塗料をぶちまけているのに、リアルでちょっとペンキが付着したらショックを受けて泣き叫んでしまう。先生はその姿を前に驚きつつ、慌てて洗面台へ連れて行って塗料を落とすしかなかった。

このエピソードは、自由な遊びを経験していない子の特徴を表すものとして、園で語り継がれているという。

3　先生も二次元から来ている

先生だってデジタルネイティブ

科学技術がどれだけ進歩しようとも、子どもの健全な成長のためには、一定程度のリアルな体験や人間同士のつながりが必要なことは誰も否定しないだろう。

もし今の子どもたちが自由な遊びを奪われたことで、何かしらの偏《かたよ》りが生じているのなら、不足している経験を意図的に補う必要がある。

現在、家庭以外でその担い手となれるのは、保育園や幼稚園だ。先生たちが今の子どもたちの状況を危惧し、それを補えれば、子どもたちは豊かな経験値を得られる。

とはいえ、現場の感覚では〝言うは易《やす》し〟らしい。園長（関東、40代女性）は語る。

「保育園では若い先生の数が多く、子どもからも『お姉ちゃん』といった感じで好かれています。でも、ここ数年、スマホで育ってきた若い人たちが新任の先生として大勢入ってきたことで、『えっ？』と思うような言動を目にすることや、先生同士でも全然話が通じないことが出てきています。

実は**20代の先生たちの育ってきた環境は、今の子たちとあまり変わりない**のです。彼らは近所に遊び場がなく、ゲームやネットばかりやってきた世代です。だから、泥遊びをしたり昆虫を触ったりした経験がないとか、裸足で土の上を歩いたことがないといったことが普通です。保育園に来て初めて小さな子に接したという人もいます。

今の時代では仕方のないことなのですが、遊んだ経験のない先生は子どもに遊びを教えられませんし、その意義すら理解できない。ベテランの先生が『公園で水遊びをさせたいね』と言っても、『それの何が良いんですか』とか『私たちが濡れちゃいますよね』といった冷めた反応がよくあるのです」

「２０２０年度「保育人材」に関するアンケート調査」（独立行政法人福祉医療機構）によれば、保育施設では、20代の職員が占める割合は29・7％（２０２０年）だ。つまり、先生の３人に１人がデジタルネイティブか、それに近い世代と考えていい。そうなると、若い先生の感覚は子どもたちの方に近くなる。

Z世代の「普通」とは何か

20代の先生の言動で、トラブルになった事例はこのようなものだという。

・園では昼食は先生と子どもたちが一緒に食べる決まりになっていた。だが、新任の先生はそれを嫌がって、いつも事務室に給食を持って行ってスマホ片手に独りで食べていた。園長が見かねて注意すると、新任の先生は言った。

「私はずっと家でも自分だけで食事をしてきたので、他人とご飯を食べるのが苦手なんです。昼休みくらい子どもたちから解放してください。でなければこの仕事に耐えられません」

・先生が名簿に載っている子どもの親の名前を検索し、SNS等で勤め先や趣味などを把握する。そうした情報を園児に流したり、保護者会で話したりする。また、先生が勝手に保護者とSNSでつながってプライベートな付き合いをする。
・子どもと泥遊びができない先生が増えた。理由は、服が汚れる、美容院で整えたばかりの髪に泥がつく、虫が苦手、ネイルが台無しになるなど。園は人手が足りないので、そういった保育士でも雇わなければならない状況になっている。
・保護者への手紙や、卒園アルバムの文集などで文章を書けない。理由を聞くと、「スマホでしか書いたことがないから長い文章が書けない」という。
・園に就職して2カ月後に「もっと給料の良いIT関係の仕事が見つかったので辞めます」と言ってきた。園長が今担当している子どもたちのために今年度が終わるまでは我慢しなさいと諭《さと》したところ、「パワハラだ」と言って出勤拒否になった。

園長とベテランVS若い先生と子ども

昔だって首を傾《かし》げたくなるようなことをする先生はいたし、全体の中ではこういう先生はごく一部のはずだ。逆に、デジタルネイティブの先生だからこそわかる子どもの気持ちや、できることもたくさんある。

先の園長が危惧しているのは、彼らが**今の時代の子どもに不足しているピースを埋めるだけの経験値を持っていない**という点だ。若い先生と子どもが似た環境で育っていれば、そうなるのは仕方がない。

では、保育園や幼稚園で、今の子どもたちが必要としている経験値を授けるのは困難なのか。先の園長は必ずしもそうではないと語る。

「若い先生たちの経験が不足しているのはやむをえないことです。それならば、ベテランの先生がちゃんと若い先生にそのことの重要さを教えていくべきだと考えています。それには、単に遊びが重要だと口先で言うのではなく、その根拠を科学的に示すとか、園の方針として固めるといったことが欠かせないと思います。それができれば、若い先生の意識を変えられるのではないでしょうか」

保育施設では20代の先生が3人に1人を占めると述べたが、逆にいえば全体的には30代以上の世代の方が多いということになる。

先の資料では、30代が24・7％、40代が21・6％、50代が15・1％となっている。ベテランがこれだけいれば、デジタルネイティブの若い先生にその経験を伝えることは不可能ではないだろう。

実際に、最近の保育園や幼稚園では、「家庭でできないことをしよう」という方針を打ち出しているところも少なくない。

私が何度か取材した熊本市の「やまなみこども園」では、泥遊び、里山体験、運動、物作りといったことを保育の中に積極的に取り入れ、職員ばかりでなく保護者までもが一丸となってそれらを通した心身の健全な発育を目指している。重要なのは、子どもの好奇心をくすぐり、あくまでも主体的にそれをさせているところだ。このような園では、今の子どもたちに足りない経験を与えることができる。

課題は、子どもの成長に何が必要かをきちんと見据《みす》えて足りないことを補おうとする園と、そうでない園との落差が容易には埋められないほど広がっていることだろう。前者の子どもたちは健やかに育つ可能性が高いが、後者の子どもたちは必ずしもそうではない。

親ガチャならざる、〝園ガチャ〟が引き起こされているのだ。

4　ハイハイしたことがない子ども

給食は毎日がおかゆ

現代の成育環境の変化がもたらすのは、子どもたちの遊びに対する向き合い方だけではない。身体活動にも多様な影響が生じているらしい。

私の体験を二つ紹介しよう。

数年前、ある保育園へ取材で行った際、給食の光景を見て驚いたことがあった。

園のホールに並べられたテーブルで、年少や年中の子どもたちが無言で給食を食べていた。のぞくと、お盆には小皿がいくつか載っていて、それぞれに高齢者の介護食のようなものが一品（というか、一汁？）ずつ入っていた。中身は茶色や緑色のペースト状のものや、ミキサーで細かく切り刻まれたものばかり。原形を留めておらず、控えめに言って「おかゆ」だ。

通常、保育園では、噛んで飲み込む力の弱い0〜2歳の子には、離乳食やそれに近い柔らかな給食を提供する。ただ、3、4歳になれば、顎《あご》の筋力が発達して咀嚼《そしゃく》や嚥下《えんげ》の力がつくので、餅など喉にはまり込みやすいものを除けば、固形物を食べさせる。しかし、ここでは、その年齢の子にも、離乳食同然の食事を出していたのだ。

子どもたちの大半はつまらなそうな表情で、黙々と口を動かしている。何を食べているのかわからないのだから楽しいはずがない。食後は残飯が山となっていた。

なんで、あんな給食を出すのか。その答えがわかったのは、全国の保育園の経営者が集まる全国民間保育園経営研究懇話会の夏季セミナーに講師として招かれた時のことだった。そこでは子どもの嚥下力低下が議題として取り上げられていた。別の園の園長（関東、50代男性）がこんなことを話してくれた。

「最近の保育園の給食はものすごく柔らかくなっているんです。園によっては、何でもかんでもミキサーにかけて離乳食同然のものを4、5歳の子に与えているところもある。**今の子どもたちは、物を噛んで飲み込む力がとても弱い**んです。4歳くらいの子でも、2歳くらいの力しかない子もいる。そういう子たちは固形物を喉に詰まらせて、最悪の場合は窒息するといったことも起きてしまう。だから園としては給食をできるだけ柔らかいものにしなければならなくなっているのです」

事実、4歳児が皮をむいたぶどうを飲み込んで死亡するとか、同じく4歳児が節分の豆を喉に詰まらせて死亡するといった誤嚥《ごえん》死亡事故が相次いでいる。それだけ、保育園や幼稚園では咀嚼力や嚥下力の低下が深刻な問題になっているのだ。

ヘッドガードの制服化

関東の老舗の幼稚園が運動会を全面的に廃止することになった。創設から半世紀以上、園の主要なイベントとしてつづけてきたのだが、事故防止のために苦渋《くじゅう》の決断でやめたという。

この園は、大きなマンションが立ち並ぶ地域にある、2階建ての建物だった。1学年の定員は20名。かわいらしい制服がある、どこにでもある普通の幼稚園だ。

ただ、園内の見学をしていると、見慣れない格好をしている子たちが目に飛び込んできた。やたらと大きくぶ厚い帽子を被《かぶ》っているのだ。男子が水色の帽子、女子がピンクの帽子で、年少では19人中7人、年中や年長のクラスでも4、5人がそれをつけている。この大きな帽子は何なのか。

園長（60代女性）は説明する。

「ヘッドガードなんです。子どもたちの中にはちゃんと歩くことができない子がいて、転んで頭を打ってしまうのです。特に不安に思う子には、親御さんにも説明して事故防止のためにつけさせてもらっています」

帽子にはクッションが入っていて転倒時に頭を守ってくれるという。立ち歩きをはじめたばかりの子がヘッドガードを装着することはあるが、3~5歳の健常児がしているのは意外だった。

だが、しばらく子どもたちの動きを見ていて、ヘッドガードをさせる事情が何となくわかった。帽子を被った子たちは、ヨタヨタとした危なっかしい歩き方をしていたり、斜めに跳ねるように歩いたりしていたのだ。

こうなる理由は何なのか。

「原因は、**赤ちゃんの時に家でハイハイをしていない子どもが増えた**ことなんです。ハイハイは、生後8カ月から1年くらいでするもので、この期間に子どもは手足の筋肉、骨盤、体幹などを鍛え、正しく歩くための準備をします。でも、ハイハイができないまま大きくなると、体がうまく育たないし、バランス感覚も悪くなるので、正しく歩くことができなくなるのです」

この幼稚園では十数年前からハイハイをしていない子が目立ちはじめ、その割合はだんだんと高まっていった。

園長によれば、運動会を廃止したのもそれと無縁ではないそうだ。

「こういう子は幼児なのにO脚だったり、猫背だったりといった身体的な特徴も見られます。ひどい子になると、左右の足を交互に前に出せず、足が絡《から》まって倒れてしまう。ヘッドガードを被らせているのも、運動会を廃止にしたのも、そのような子が一定数いるからなのです。事故が起きれば園の責任になりますから」

子どもの事故件数は増加の傾向にあり、こども家庭庁によれば、2022年に教育・保育施設で起きた事故件数は過去最多の2461件となっている。もっとも多いのが骨折事故で1897件だ。

食べ方を教える時間が親にはない

一時代前には、3～5歳の子どもがペースト状の離乳食を食べるとか、子どもがハイハイしないとかいうことは、ほとんど耳にしなかったはずだ。私自身、初めて見聞きしたが、一部の地域、一部の園では取り組むべき課題になっているのである。

子どもが離乳食によってご飯の食べ方を学んだり、ハイハイをしたりするのは、生後半年から1年くらいの月齢期だ。その時の生活に、どのような変化が起きているのか。

先述のセミナーで出会った園長は、次のように話す。

「子どもが物を飲み込めないのは、ちゃんと離乳食の食べ方を教わっていないからです。ミルクを飲む時期から離乳食を経てきちんと食べられるようになるまでは、決まったプロセスが必要です。そこで食事の訓練をするから顎の筋肉が発達するし、口の中でこれくらい噛み砕けば飲み込めるとわかる。だけど、家庭でそれをやらせていないと、子どもは3、4歳になっても、それができないままになってしまうのです」

離乳食には、大きく分けて「ごっくん期（生後5～6カ月）」「もぐもぐ期（生後7～8カ月）」「かみかみ期（生後9～11カ月）」「パクパク期（生後12～18カ月）」と四つの段階がある。それぞれの段階を適切に経験し、固形物が食べられるようになるには、親の手厚い世話が必要だ。

最初は、親が子どもに向かって、「はーい、アーンしようね、アーン」と言って口を開くところを見せる。それができるようになれば、今度は「モグモグ、はい、もう一度モグモグしようね」と噛み方を教え、さらに「ゴックンね。ゆっくり、ゴックン」と喉を鳴らして見せることで飲み込み方を教える。子どもはそうした親の動作を見て真似するからこそ、だんだんとできるようになっていく。

ただ、これをするには相応の時間と労力がかかる。親が日に何回も子どもと向き合い、同じ声掛けと動作をくり返し、子どもがちゃんと食べられるようになるまで見守らなければならない。先の園長が指摘するのは、**今の親にはご飯の食べ方を教えるだけの時間や心の余裕がない**ということだ。

「親は忙し過ぎるし、孤立し過ぎなんです。育児休暇が取れるようになったとはいえ、夫婦がバラバラに育休をとれば結局はワンオペですし、育休中でも何だかんだやることがたくさんあるのが普通です。仮に時間を確保できても、育児の相談に乗ってくれる人や、ちょっとしたことを手伝ってくれる人がいないこともある。ひとり親家庭なんかは、傍から見ていても心休まる時間がないだろうなとかわいそうに思うほどです。その中で、食事の仕方を毎日何回も数カ月かけて教えられる人がどれだけいるでしょうか。

私の周りの状況からも、この指摘は的を射ている。

知人のケアマネージャー職の女性は、数人の患者から「あなたにしか相談できないことがある」と言われ、育休中も連絡を取り合っていたと語っていたし、ある有名企業の社員は、社内公用語が英語になったためにTOEICの勉強をしなければならなかったと話していた。

これ以外にも、育休中に転職先を探している人、産後の体調不良やストレスで精神的に参っている人、親族の介護をしなければならない人、配偶者からDVを受けている人など、育児に十分な時間をかけられない人は数知れない。

私が親しくしている30代の女性編集者は、子どもにスマホで「離乳食の食べ方」「スプーンの使い方」を教える動画を見せながら食事をさせ、自分は横でイヤホンをはめて仕事をしていたと話していた。離乳食の食べ方までスマホ任せにせざるをえない状況が生まれているのだ。

老人を「お化け」と間違えて泣く

とはいえ、昔も多忙な親はたくさんいたし、精神的に余裕のない親もいたはずだ。それでもなんとかなっていたのは、祖父母や近所の友人たちとのつながりが濃厚で、サポートを受けられたからだろう。

親の代わりに、祖母が離乳食の食べ方を教える、近所のお姉さんが子守をしてくれるといったことが行われていたからこそ、子どもの顎の力やバランス感覚を育てられていた。

しかし、核家族化が進み、地域とのネットワークが切れた今は、そうした血縁や地縁に基づくサポートは望むべくもない。児童館の職員（関東、40代女性）は話す。

「児童館で未就学児向けのお年寄りとの交流会を開くと、子どもたちがお年寄りを見て泣いてしまうことがあるんです。お年寄りが話しかけたり、工作を教えたりすると、『怖い』と言いだす。

今の子どもは人間関係がすごく狭まっていて、**お年寄りと接したことがない子が珍しくない**んです。おじいちゃん、おばあちゃんが近くに住んでいることが減りましたし、関係が切れていることもある。コロナ禍以降は顕著です。

そういう子たちは、お年寄りの皺だらけの手で触れられたり、しゃがれた声を聞いたりすると、怖がって泣いてしまうのです。お年寄りのことを『お化けみたい』と発言する子もいるほどです」

小さな子がまったくお年寄りと接したことがなければ、お化けと受け取ってしまうのも無理のないことなのかもしれない。逆に言えば、それだけ子どもは社会から切り離されているのである。

ハイハイをさせない〝一足飛び育児〟

親の多忙さのしわ寄せが子どもにいけば、彼らの噛んで飲み込む力の発達が妨げられているという話も納得がいく。

同じことは、ハイハイをしていない子についても当てはまるそうだ。ハイハイをできない子が増えていることを教えてくれた園長は話す。

「ハイハイをするには、子どもが自由に動き回れるだけの空間が必要になります。それなりの広い空間が用意できて、親がつきっきりで安全を確保しなければ、子どもはハイハイをして体を鍛えていくことができない。

現在は狭いアパートや、物が散乱する部屋に暮らしている家族もたくさんいます。そういうところでは子どもは自由にハイハイできませんし、親も怖がってさせません。かといって、外へ子どもを連れて行って、泥んこになりながら存分にハイハイをさせることもまずないでしょう。つまり、**ハイハイができない世の中になっている**のです。

そうなると、親は子どもの安全を考えて、家でも外でもベルト付きのベビーチェアーに座らせるようになります。これなら怪我をすることもないし、スマホを見せていれば静かになるので、時間の余裕も生まれて楽だと考えるのです」

親にしても、ハイハイと子どもの発育の関係性を知っている人はそう多くないだろう。

今の親は、育児の仕方を経験的に見て学ぶわけではないし、親から教えてもらえるわけでもない。自分で本を買って勉強をするか、自治体等が開催する「両親教室」や「ペアレンティング・プログラム」で学ぶしかないのが実情だ。

とはいえ、これらの受講率は男性に至っては半数以下といわれているし、受講したとしてもあれもこれもと情報を詰め込まれるので、よほど強調されない限りハイハイの重要性は記憶に残らない。

そもそも、出産間際の親にそこまで求めるのも無理がある。陣痛はどれほど痛いのか、健康に生まれてくるのか、家計をどうすればいいのかと不安だらけなのに、ハイハイの重要性まで考えろということの方が酷なのだ。

もう少しいえば、世の中にはハイハイを重要視するどころか、それを一足飛びに越えて歩けるようにするための商品がたくさん普及している。その象徴が、「ベビー・ウォーカー（赤ちゃん用歩行器）」だ。

ベビー・ウォーカーとは、丸いテーブルにいくつもの車輪がついており、真ん中に子どもがすっぽりと座れる椅子がはまっている歩行器だ。子どもが椅子に腰を下ろすと足が床に届く。つま先で床を蹴れば前に進めるし、身体を囲むテーブルに守られているので壁にぶつかっても怪我の心配はない。

おそらく、最近の子どもの多くが、ベビー・ウォーカーを数カ月にわたって利用した後に歩くようになっているのだろう。原理としては、これを使うことで足の筋力がつき、体幹も鍛えられることになっているが、凹凸《おうとつ》のある空間を全身の筋力を駆使して進むハイハイと比べて、心身の機能の成長にどのような差があるのかまでは検証されておらず、一部の研究者からはこの器具の使用が身体機能の発達を妨げているとも指摘されている。

平らな床に座れない

身体活動が狭められているのは、月齢期の子どもだけの問題ではない。1歳、2歳、3歳と年齢が上がっても今の社会では同じ現実に直面するし、それは嚥下や歩行だけでなく、別の能力にも影響を与える。

先生（中国、60代男性）は言う。

「20年から30年くらい前に、子どもたちが外で遊ばなくなったことが原因で、筋力が落ちて和式トイレでしゃがめなくなっているということが話題になりましたでしょ。和式トイレにお尻から落ちてはまってしまうような、冗談みたいな話です。

でも、今の子どもは、しゃがむどころか、**平らな床に座ることすらできない**こともあるんですよ。体育座りをしてくださいと言うと、ダルマさんのようにゴロゴロ倒れる子が出てくる。あぐらをかいてくださいと言うと、今度は後ろ向きに倒れてしまう。僕もなんでこうなるんだと不思議で、他の先生方と話し合ったところ、筋力どころか、バランスの感覚自体が育ってないからではないかという結論に至りました」

今回の取材では、他の先生からも似たような指摘が出た。

行事の時などに床に体育座りをさせると、横に倒れてしまう子や、座っているのがきついと言いだす子が必ず出てくるそうだ。そのような子は立っていることにも苦痛を感じるらしく、足がつったとか、膝が痛いと言いだすという。体力以前に、体幹が養われていないのだ。

先生はつづける。

「専門家に聞いたんですけど、正しい手順を踏まなければ運動神経は磨かれないそうです。赤ちゃんの時にお座りをする、次に両手両足でハイハイをする。そして、つかまり立ちをし、徐々に歩き方や走り方を覚え、最後は運動をする中でジャンプやスキップができるようになる。つまり、段階を追って初めて総合的に体を動かせるようになるのです。

でも、今の子どもは初期段階でハイハイやつかまり立ちをしなくなっています。そうなると、筋力や体幹が育たないので、ある程度の年齢になっても座る、しゃがむといった基本的な動作ができない。うちの園の子どもたちがまさにそれだと思います」

この園では、床に座ることができない子は、椅子に座らせることにしているそうだ。

畳の部屋で足腰の悪いお年寄りが椅子を求めることはあるが、今後は幼児がそうなる時代が来るのかもしれない。

5 バーチャルで漂う赤ちゃん

子守歌はアプリの声で

読者の多くが、親に抱っこされ、やさしい子守歌を聞かされながら眠りについた記憶がぼんやりとでもあるのではないだろうか。親の人肌のぬくもり、におい、声。それらにまるで柔らかな毛糸のように包み込まれ、夢へといざなわれた幸せな思い出だ。

しかし、今の子どもたちには、そうした記憶が乏しいのかもしれない。関西のある保育園でこんなことがあった。

この保育園では、給食が終わった午後1時から2時がお昼寝の時間だった。取材に来ていた私は、園長（60代女性）と共にそっと薄暗い教室に入っていった。

そこには見慣れない光景が広がっていた。3割ほどの子どもたちの枕元にスタンド付きのスマホが置かれており、それぞれ違った動画や音楽が流れているのだ。

のぞくと、ディスプレイにはかわいい動物が子守歌をうたっていたり、お母さんのようなキャラクターが微笑みかけていたりする。アイドルのようなキャラクターが、ずっと子どもを褒めつづけている動画もあった。

園長がそのわけを教えてくれた。

「子どもたちが見ているのは〝寝かしつけアプリ〟なんです。これがないと眠れない子がいるんですよ」

昔の保育園にも寝つきの悪い子はおり、先生が添い寝したり、背中をさすったりして眠らせたものだ。最近はそれがアプリに変わっているのだという。

子どもたちはアプリを見ながら一人またひとりと眠りに落ちていった。ただ、寝たからといってすぐにアプリを消さないことがポイントだそうだ。アプリの音や光がなくなると、ハッと目覚めてしまう子が多いからだという。

見学の後、園長はアプリを使用するようになった経緯を語った。

「今は、家庭での寝かしつけの際に、専用のアプリを使う親御さんが多いんです。赤ちゃんのキャラクターが一緒に眠ってくれたり、宇宙の無重力状態で浮かんでいるような映像だったりと、種類も豊富です。

私自身は、親や保育士が直に子守歌をうたって背中をさする寝かしつけが一番だと思っています。でも、一部の子にとって、**子守歌はアプリにうたってもらうものになりつつあります**。なまじっか保育士がうたってあげると、そういう子たちから『下手』『うるさい』『眠れない』と言われる。なので、それぞれの家庭でやっている方法で寝てもらった方がいいだろうと、アプリを使うようになったのです」

アプリの使用は、寝かしつけの時だけでなく、子どもを泣き止ませる際にもよく使われているという。〝泣き止みアプリ〟と呼ばれるもので、日常の中のいろんな音（ドライヤー音、親の呼びかける声、掃除機の音、洗濯機の音など）が入っていて、それを聞かせることで注意をそらし、泣き止ませる仕組みだ。

「困るのは、寝かしつけアプリにしても、泣き止みアプリにしても、それらに慣れてしまうと、別の何かでは寝たり泣き止んだりしにくくなることです。アプリを見せればすぐに泣き止むのに、保育士が抱っこしてゆさぶっても泣き止んでくれない。子どもの扱い方が大きく変わりつつあるように感じています」

赤ちゃんのスクリーンタイムは

子どもたちが極めて幼い頃からスマホに慣れ親しんでいるのは、周知の事実だろう。

ベビーカーに座っている赤ちゃんや、親の電動自転車の後ろに乗っている子どもがスマホを見ながら移動する光景はごく日常になっている。最近は、ベビーカーや車用ベビーシートに、スマホホルダーが取り付けられていることも珍しくない。

日本の子どもは何歳頃からスマホを利用しているのか。

こども家庭庁の「令和5年度青少年のインターネット利用環境実態調査報告書」に、子どものインターネット利用率が出ている。スマホやタブレットでネットを閲覧するようになる年齢だ。これによれば、利用率が58・8%と半数を超えるのは2歳だ（0歳で15・7%、1歳で33・1%、保護者による回答）。

2歳といえば、ようやく言葉らしい言葉を発しはじめる年齢だが、その時には半数以上がスマホやタブレットを日常的に使用している。もっとも2歳でもしゃべれない子もいるので、そういう子は言葉を話すより先に、それらを使っているのだ。

気になるのが、子どもたちの「スクリーンタイム」だ。スクリーンタイムとは、スマホ、タブレット、PCなどを通して画面を見ている時間のことである。

前提として述べておくと、WHO（世界保健機関）が定めたガイドラインでは、1歳未満でのスマホなどの閲覧は推奨されていない。つまり、見せるべきではないということだ。1～4歳に関しては、1日1時間未満が望ましいとされている。

では、日本の1歳児がスマホを見ている時間はどれくらいなのだろう。東北大学東北メディカル・メガバンク機構の栗山進一教授らの論文「Screen Time at Age 1 Year and Communication and Problem-Solving Developmental Delay at 2 and 4 Years」には、次のような結果が出ている（2023年）。

1歳児のスクリーンタイム

1時間未満　48・5%
1～2時間未満　29・5%
2～4時間未満　17・9%
4時間以上　4・1%

これを見る限り、1歳児の半数以上が、WHOがガイドラインで示したスクリーンタイムを超過している。

ちなみに、スクリーンタイムが長くなっているのは、幼児だけではなく、成人も同じだ。調査によって多少のばらつきはあるが、20代、30代のスクリーンタイムは5時間を超えるとされている。大人のスクリーンタイムが、幼児のそれに影響を与えているという見方もできるだろう。

増えるイクメンは機能しているのか

園の先生方へのインタビューで興味深かったのは、子どもにスマホを長時間見せるのは、母親より父親だ、という意見が多かった点だ。

ここ10年ほどの間に、社会では男性の育児が推奨され、育児休暇を取得するハードルが大きく下がった。共働き家庭では、女性と男性が数カ月ずつ育休を取ったり、土日と平日に分けて育児を分担したりすることも増えている。

歓迎すべきことだが、なぜ母親より父親の方が子どもにスマホを見せる時間が長くなるのだろう。先生（関東、40代男性）は言う。

「少し前に日本の中で〝イクメン・ブーム〟が起きて、父親がだいぶ育児に参加するようになりました。でも、全体の傾向として父親は母親に比べて、育児の仕方を知りません。ミルクの作り方だとか、オムツ交換の仕方だとかは教えてもらっていても、それ以外の時間にどう接していいかわかっていない。パパ友のネットワークも乏しい。そうなると、父親は子どもが早く泣き止むようにとか、退屈しないようにといった理由でスマホを与えっぱなしにしてしまうんです。子育てのイメージを持っていないので、**とりあえず静かにさせるのが育児だと思っているのです**」

メディアが、育児に積極的な父親を「イクメン」ともてはやしたのは2000年代後半以降のことだ。それに伴い、「自称イクメン」も増えたという。

この先生の園では、イクメンを自称する男性の保護者がいたそうだ。だが、先生方からすれば、その子どもは明らかに睡眠不足だったり、言葉の発達が遅れていたりと懸念すべきことが多かった。

先生は心配になって、男性に育児の仕方を聞いた。すると、男性は子どもにスマホを与える一方で、自分はSNSに子どもの写真をアップしたり、育児日記を書いたりして、周囲に育児をしていることをアピールするのに必死だったという。

「女性の場合は、『私、子どもにスマホを見せすぎちゃうんですよね』とか相談してくれることが結構あります。でも、男性の場合はそれがないし、妻の方も夫の育児を見る機会がない。妻が夜に仕事から帰った時に、夫から『今日はおとなしかったよ』『いい子にしていたよ』と言われればそれまでです。なので、男性の方が育児の内容が見えにくいのです」

夫婦が協力して育児をすることが当たり前になる中で、〝イクメンの形骸化〟と呼ぶべき現象が起きているのである。

6　子育てという作業《タスク》をどうこなすか

アプリは育児のプロ

親の育児の一部をスマホで代行することを、〝スマホ育児〟という。

これまで脳科学や発達心理学など多くの専門家が、スマホ育児が及ぼす弊害について警鐘を鳴らしてきた。詳しくは専門書を参照してもらいたいが、簡単に押さえておけば、スマホ育児の悪影響は「アタッチメント」の欠如という点で語られることが多い。

従来の子育ては、養育者が直に子どもと触れ合って行うものだった。子どもは体温、声、吐息など様々なものを感じ取ることによって、養育者と強い心理的な結びつきを手に入れる。これが心理学でアタッチメントと呼ばれるものだ。

子どもはアタッチメントの中で情緒力や想像力を伸ばし、そこを安全基地にして他者と触れ合ってコミュニケーション能力を高める。アタッチメントは子どもの発達の基盤とも呼ぶべきものである。

スマホ育児の欠点は、養育者とのかかわりがスマホに取って代わられることで、その基盤が弱まり、発達が妨げられることだ。これに関する研究はいくつもある。

たとえば、前出の論文には、7097人の子どもを対象にした調査で、1歳児が経験したスクリーンタイムの長さ次第で発達の遅れが現れるという研究成果が出ている。

これによれば、スクリーンタイムが4時間以上の子どもは、1時間未満の子どもと比べると、2歳児の時点でコミュニケーション領域の発達に遅れが生じる割合が4・78倍、問題解決の領域で2・67倍になるという。

本書のプロローグで、明和政子教授の「デジタルの時代に生きる子どもたちの成育環境は、ホモサピエンスのそれではなくなっています」という言葉を紹介したが、こうしたところに理由があるのだ。

では、今の親は、スマホ育児に対してどのような認識を持っているのだろうか。園の先生方によれば、二つに分かれるそうだ。

一つが、スマホ育児の弊害を理解しながらも、つい子どもにスマホを与えてしまう親だという。周りの大人からの「静かにさせろ」という圧力に屈したり、ワンオペの忙しさに耐えられなかったりして、頭ではリスクをわかっていながら、その場を乗り切るためにスマホを与える。

このような親は、スマホを与えていることに罪悪感を抱いているため、スクリーンタイムを短くしようと努めたり、遊びや運動の時間を意図的に増やそうとしたりする傾向があるらしい。そういう意味では、スマホ育児の弊害はそこまで深刻ではないかもしれない。

これに対して二つ目が、スマホ育児を前向きに考えて積極的に行っている親だ。先生（東海、40代男性）の言葉を紹介しよう。

「スマホ育児をいいと思っている親は、年々増えているように感じます。よく耳にするようになったのが、**育児にアプリを使った方が、自分の判断で子育てをするより安心**だっていう意見。自分の音痴な子守歌を聞かせるより、アプリでプロのうたう子守歌を聞かせた方が絶対音感がつくだろうとか、自分が遊び相手になるより、知育アプリをやらせた方が効果的だというのです」

現在、開発されているアプリの中には、有名なプロの歌手を採用しているものや、閲覧するだけで頭が良くなることをアピールしているものがある。親は自ら手をかけて育てるより、専門家が作ったアプリを用いる方が子どもの発育に良いと考えるようになっているのかもしれない。

この先生は次のような体験談を教えてくれた。

口コミで広がる、愛情を育む「ペット育成アプリ」

先生の勤める保育園がスマホ育児の実態を把握するため、保護者に対してスクリーンタイムを尋ねる独自のアンケート調査をした。すると、2歳児の半数が3時間以上という結果が出た。

先生は、特に深刻な子どもの親を呼び、スマホで何をさせているのか聞いた。ある親は答えた。

「うちでは日に5、6時間はスマホを見せています。自分からやるのは、動画閲覧やゲームで合計3時間くらいですかね。あとは、私たち親がやらせるアプリで、英語関係のアプリ、パズルや図形の知育アプリ、最近は算数のアプリもやらせています」

この親は、できるだけ早いうちからネイティブの英語を聞かせたり、知育アプリをやらせたりすることがいいと信じ込んでいた。

先生は助言したそうだ。

「子どもの頭を良くすることは大切です。ただし、2歳児はまだまだ親の愛情を欲している年齢です。幼いうちは、アプリを見せる時間をもう少し減らして、できるだけ直に接していろんなことを話してあげてください。今は親子で愛情を育むことが一番です」

親は「わかりました」と言って帰っていった。

次の年、先生はその親と話す機会があったので、どうしていますか、と尋ねた。親は答えた。

「はい。ネットで調べたら、動物を育てるアプリが子どもの心を豊かにするのにいいって書いてありました。それでこれまでのアプリの他に、ペット育成アプリをやらせるようにしています」

先生は言葉に詰まった。ペット育成アプリがダメだというつもりはないが、前回伝えたのは、親子の直接的な触れ合いの中で愛情を育ててほしいということだ。なぜ、それがペット育成アプリに取って代わられたのか。

親は答えた。

「私は子どもとうまく遊べる自信がありません。どうやっていいかわからないし、思い通りにいかないとすぐに怒っちゃう。これで子どもを傷つけることもあると思います。だから、私なんかが遊ぶより、**アプリに任せた方がよっぽどいい**と思うんです」

この親は、そこから延々とペット育成アプリのネットでの口コミがどれだけすごいかを語りつづけたそうだ。

おままごとをしない女の子

親の間から、「子育ての仕方がわからない」「自分のやっている子育てに自信がない」という声が上がることは珍しくないそうだ。親が育児の一部をアプリに託そうとするのは、そうしたことが理由なのかもしれない。

そもそも人は初めから子育ての仕方を本能的に知っているわけではない。幼い頃から、親や近所の大人の子育てを見たり、自分が兄や姉になって小さな子の世話をしたりする。あるいは自分が家庭を持った時に、親や先輩から助言を受けることで、少しずつやり方を学んでいくものだ。

今はこのような体験が少なくなっている。背景には、少子化によってきょうだいが少なくなっている、実家との関係が希薄、近所付き合いがないといったいくつもの因子が推測できる。

ある保育園の園長（中国、50代女性）は言う。

「大人たちは小さな子に触れた記憶がないまま子どもを作って親になっているので、子育てがなんたるかをイメージできませんし、自信がありません。料理をしたこともないのに、しろと言われても、どうやったらいいのかわからないのと同じです。

おそらく、今の子たちが大人になった時は、もっとそれが深刻になっているのではないでしょうか。たとえば、うちの園の子に、3人きょうだいの長女がいます。その子が5歳、真ん中の子が3歳、末っ子が1歳です。この長女に聞くと、下の子に対して一度も世話らしい世話をしていない。寝かしつけはスマホを渡すこと、遊びは各々勝手にスマホやゲームをしているだけ、お風呂でもずっとタブレットを見ているそうです。つまり、3人きょうだいであっても、子育ての疑似体験をする機会が乏しくなっているのです」

これを象徴するのが、**子どもたちの遊びから「おままごと」が消えつつある**ことだという。おままごととは、家庭の中で見たりやったりした子育てや家事を遊びの中で再現することに他ならない。しかし、今の子はそうした経験に乏しいために、おままごとをしない、というのである。

「今の親には下手でもいいからスマホに頼らずに育児をしてほしいと思います。子どもと愛着（アタッチメント）関係を築けるだけでなく、幼いきょうだいに子育てをする姿を見せられるし、やり方を覚えさせられる。幼い頃から小さな子の世話をする、一緒に遊ぶ、何かを教えるといった体験はとても重要なのです。それがないと、大きくなった時に小さな子に接することができなくなります」

このことを示す、ショッキングな出来事があったそうだ。

ある日、園に地元の小学6年生数人が「キャリア教育」の一環でやってきた。ここで2時間ほど過ごし、保育の仕事を学ぶのだ。

園長が小学生たちを園児たちのところへ連れて行き、一緒に遊ぶように促した。すると、小学生たちは口々に「小っちゃな子はキモイ」とか「ゾンビみたいについてくる」と言って逃げ回った。聞いてみると、彼らは誰一人として小さな子と接した経験がなかったそうだ。

「親性脳」が少子化を食い止める

誰もが一度は、「母性」という言葉を聞いたことがあるだろう。女性には生まれ持って子どもを愛《いつく》しみ、育てる能力があるということだ。だが、現在の科学では母性の存在は否定されている。代わりにあるといわれているのが、「親性脳《おやせいのう》」と呼ばれるものだ。

親性脳は、先天的に持っている本能ではない。最初はまっさらな状態で生まれてくる。しかし、幼い頃から間近で親の育児を見たり、弟や妹の世話をしたりしているうちに、だんだんと子どもへの愛情や育児のスキルが身につく。やがてそれが彼らの中で「親性」、つまり親として小さな子を育てていこうという性質となる。これが大人になって養育行動にかかわる脳の働きとなるのを親性脳と呼ぶのだ。

先述の京都大学の明和教授は次のように言う。

「人の脳は25歳くらいまでにでき上がるといわれています。親性脳もそれまでの間にいろんな子どもと触れ合うことによって作り上げられます。人は親性脳があるから、子どもをほしい、産み育てたいと思います。そして親性脳をもとにして子育てをする。その親性脳がなければ、子どもなんていらないという考えになりかねませんし、たとえ**子どもができたとしても、育て方がわからない**ということになってしまうのです」

今回の取材で、ある先生が、「一部の親の中で子育てがタスク化している」と語っていた。

赤ちゃんが何回便をしようとも「1日3回オムツ交換する」と決めてそれ以上一切しようとしない親とか、子どもが病気の日でも「1日1回外遊びをさせる」という決まり事を守ろうとする親が出てきているというのだ。実際、私も児童虐待の取材で、子どもをネグレクト死させた親がまったく同じことをしていたのを知っている。

親が親性脳を持っていれば、子どもの立場になって考え、その時々で自分がなすべきことを実行するだろう。だから、1日5回お漏らしをすれば、5回オムツを交換するし、具合が悪そうにしていれば遊ばせるのは控えるのだ。そうした思考がなければ、子育てが単なるタスク（作業、課題）となるので、3回と決めたら3回すればいいという発想になる。

出産願望はどうだろう。2023年にBIGLOBEが「子育てに関するZ世代の意識調査」をしている。18歳から25歳までの男女500人を対象にしたアンケートだ。その結果、Z世代のほぼ2人に1人が「子どもがほしくない」と回答したという。

若者の結婚・出産願望の低下の理由は、経済問題や価値観の変化で語られることが多いが、同調査では「お金の問題以外で子どもがほしいと思わない理由」も聞いている。それによれば、1位が「育てる自信がないから」、2位が「子どもが好きではない、子どもが苦手だから」、3位が「自由がなくなる（自分の時間を制約されたくない）から」となっている。こうした意見は親性脳の欠如が影響している側面もあるのかもしれない。

子どもを取り巻く環境に何が必要なのか。明和教授はこう話す。

「社会の科学技術の進歩は、今後ますます加速していくでしょう。そうなれば、育児の中にもこれまで以上に科学技術が入り込み、感性を磨くリアルの経験が減っていくことになります。そんな時代だからこそ、人が人の子を育てるとはどういうことかという本質的な意味をしっかりと理解する必要があると思っています。

現在の保育の現場では、そうしたことは個人個人の経験に委ねられているので、先生方によって意識に差があります。そのような溝を埋めるためには、保育の専門知識を持った人をもっと現場に送り込む必要があるのではないでしょうか。

たとえば、北欧には保育士の2割が博士号を持っていたり、教育学部が6年制だったりする国があります。日本もそのようになっていけば、保育に何が必要かということが明確に議論されるようになっていくと思います」

親にスマホ育児の弊害をどう説明すればいいのかわからないという先生も中にはいる。だからこそ、科学的知見を持つことが大切になってくるのだ。

今までのようになんとなく「みんなでお遊戯をして楽しみましょう」と言って済ませるのではなく、「何のために、みんなでお遊戯をしなければならないのか」を明確な言語で説明することが求められる時代になっているのである。

7　子育ての外注化

育児情報は溢れ過ぎ

親にはいろんなタイプがある。子どもとべったりな親もいれば、放任主義の親もいる。子どもとゲーム友達のような関係を築いている親もいる。

親の役割って何？　と聞かれて、どれだけ多くの人が即答できるだろうか。その答えは千差万別になるだろう。

幼稚園に勤める園長（関東、60代女性）はこうつぶやく。

「現代は、親になるのが大変な時代だと思います。昔は〝親のモデル〟があったけど、今はそれがなくなってしまった。だから、子どもを持っても、**どうやって親を演じればいいのかわからない**。親のイメージがないんです」

昭和の時代までは、日本には親のモデルともいうべきものがあった。〝仕事優先で威厳のある父親像〟と、〝家庭を守る優しい母親像〟だ。良いか悪いかは別にして、子どもを持った大人たちは、それに自分を当てはめれば親を演じられた。

しかしながら、特に平成の前後から、社会に「男女平等」「共働き」といった新しい価値観が浸透し、こうした親のモデルは時代に合わなくなって衰退していく。父親が土日も仕事ばかりして育児を手伝わないとか、母親が家事と育児だけにすべての時間を注ぐといったことが通用しなくなったのだ。

これによって大人たちは、従来とは異なる〝親のモデル〟を新たに作らなければならなくなった。だが、家庭によってライフスタイルが異なる時代では、各々の親が自分の家庭に合った親のモデルを創出する必要がある。それは、もちろん簡単なことではない。

園長はつづける。

「今はネットにも、育児本にも、子育てに関する情報が無限と言えるくらいに溢れていますでしょ。聞いたことのないような育児法も、眉唾物《まゆつばもの》の育児法も、これでもかというくらいにある。

若い親たちは、どうやって親の役割を果たしていいのかわからないので、かわいそうになるくらい必死に情報を集めて、子どもに何を与えればいいのかを探し回っています。たくさんの情報の中から良いと評判のものを探し出して、それを子どもにやらせることが、親の役目になっているのです」

現在の先の読めない不確かな時代にあっては、これさえやらせておけば成功するという明確な方法論は存在しない。かといって、格差が拡大する中で「放っておいても子は育つ」と言い切る自信もない。それゆえ、親たちは親らしいことをしなければと焦燥感を募らせるのだ。

親は監督かマネージャー

子どもにとって何が大切かを考え、効果的だと思うものをやらせてみることは間違いではない。

ただ、園長によれば、それが行き過ぎることもしばしばだという。

「親が子どもにとって将来必要になると思うものを選んで、自らやらせているうちはいいと思うんです。一緒に絵本を読むとか、海へ行くとか、絵を描かせてみるとかいったことです。そこでいろんな信頼関係も生まれますから。

でも、多くの親は自分でやる自信も時間もありません。だから、高いお金を払ってプロに〝外注〟しようとする。そうなると、あれもこれもとなって、子どもを育てるのではなく、**子どもを育ててくれる人を探すのが親の仕事**になります」

幼児教育ビジネス市場には、水泳教室や英会話だけでなく、遊びを教える○○式教室や、読書習慣をつける△△メソッドといったものが乱立している。親は身を削って働いて稼いだ給料をそれらにつぎ込み、プロに子育てを代行してもらおうとする。

こうした状況を、園長は〝親の監督化〟と呼ぶ。

「今の親の役割は、監督業になりつつあるように感じています。サッカーの監督が練習や戦術を決めて選手にやらせるように、親がすべきことを一つひとつ選定し、プレイヤーとしての子どもにそれをやらせていく。親と子の関係が、監督とプレイヤーのそれに近づいているのです」

都心にある園長の幼稚園では、午後3時のお迎えの時間になると、親たちが抱っこひもで乳児を抱えながら電動自転車でやってきて、ろくに話もしないまま、長男はこっちの習い事、次男はあっちの習い事というふうに送り届けるのが日常の光景だそうだ。

こうした光景を思い描くと、親が監督になったというより、芸能プロダクションのマネージャーが、担当するタレントのスケジュールを細かく決めて、せっせと現場へ送り届ける姿と重ねてしまう。

親も「親ガチャ」が怖い

時代の流れの中でライフスタイルが新しくなれば、親モデルが刷新されるのは必然だ。

ただし、親本人に聞くと、新しい親モデルに対する葛藤や不安もあるようだ。今回、園長が話していた「親子関係の変化」について、複数の親に意見を聞いてみたので紹介したい。

最初は、3人の子どもを持つ40代の女性だ。薬剤師の資格を持っていて、普段は週5日で薬局のアルバイトをしている。彼女は次のように話す。

「うちは子どもに習い事を週4でやらせています。これもやらせなきゃ、あれもやらせなきゃと思っているうちにどんどん増えた。なので、私がバイトで稼いだお給料はほぼ月謝に消えている感じです。

正直、バイトも習い事も全部やめて、私がちゃんと子どもと過ごす時間を作った方がいいんじゃないかって思うこともあります。それをしてあげられていないことへの申し訳なさもある。

じゃあ、なんでそうしないのかっていえば、もし子どもが将来それでうまくいかなくなったらどうしようって思うんです。他の子たちが習い事をして優秀になったのに、**うちの子だけ落ちこぼれたら母親失格**じゃないですか。だから、葛藤はあっても、今は親子共々我慢してやらせなきゃって思っています」

親が子どものすべきことを選んでやらせるというのは、その成果に対して責任を負うということとでもある。それが監督となった親の宿命だ。彼女はそのプレッシャーを感じているから、やらせないより、やらせた方がいいと考え、さらに失敗した時の担保のために習い事の数を増やしているのだ。

ダメ親と呼ばないで

また、別の40代の女性にも話を聞いた。高校の教師で、2児の母親だ。

「出産するまでは、子どもなんて放っておいても育つに決まってるという考え方でした。面談とかで過干渉の親を見ると『子どもを信頼したら？』と思うこともあった。でも、親になったらぜんぜん違いました。**周りの親の目がすごく気になるんです。**

周りはみんな子どもにちゃんと英会話や公文に行かせているのに、うちだけ何もしていなければ『学校の先生のくせに何してんの？』とか『この親は放任主義じゃない？』といった目で見られかねません。それに子どもまでもが『何もやらせてもらえなくてかわいそう』と同情される。そんなのって、〝ダメ親〟じゃないですか。ダメ親になりたくないから、子どもにはいろんなことをさせなきゃって考えています」

彼女が抱いているのは、〝ダメ親〟のレッテルを貼られることの恐怖だ。

本来、子育ての成果なんて何十年も経って初めてわかるものだ。英会話を習わせたからといってグローバル企業に勤めるとは限らないし、プログラミングを習わせたからといって世界を変えるアプリを開発するとは限らない。幼い頃にやっていたことが本人に合っていたのかどうかも含めて、結果が出るのははるか先だ。

それなのに今は、数カ月くらいの短いスパンで親と子どもの評価が下されるようになっている。3歳児の時点で子どもは何を習っているのか、4歳児の時点でどれだけ学力がついたのか、5歳児の時点でどれだけ流暢《りゅうちょう》な英語で挨拶できるのか……。こうしたことで、子どもの評価が決められる。

そして、それぞれの時点で子どもの能力が一定の基準に達していないと見なされれば、子どもが劣等生とされるだけでなく、親までもがダメ親と見なされる。〝この親にしてこの子あり〟と言われるのだ。

今は子どもがいるだけで「子持ち様」と呼ばれ、様々な社会的恩恵に与《あずか》っていると皮肉られる時代だ。親もその分わが子を優秀にしなければというプレッシャーを感じているのかもしれない。

ともあれ社会にこうした評価基準がある以上、親がそこから自由になるのは簡単ではない。

8 発達特性が目立ちやすくなる

プリスクール化する園

親が監督化ないしはマネージャー化したことによって、保育園や幼稚園の役割も変わりつつあるという。

保育園は厚生労働省の管轄で、児童福祉法によれば、親の委託を受けて子どもに保育を行う場所とされている。幼稚園の方は文部科学省（以下「文科省」）の管轄で、学校教育法に基づいて小学校以前の生活や学習の基盤を養う場所だ。どちらも、子どもたちの心身の健全な発達を大きな目的としている。

だが、このような園が、近年、進学塾やスポーツアカデミーのように何かを指導する方向に進んでいるらしい。小学校の学習に先行して算数、英語、プログラミングをやらせたり、様々なスポーツをやらせて身体能力を向上させたりしているのだ。

ある幼稚園の先生（関東、30代女性）は背景を説明する。

「幼稚園は少子化で定員割れが起きています。子どもを集めたいなら、何かしらの特色を出さなければならなくなっている。**今の親が園に求めるのは、習い事の代行**です。英語をどれだけ教えてくれるのか。算数をどれだけ教えてくれるのかといったこと。だから園の方も『うちはネイティブの英会話の先生がいますよ』とか『うちは卒園までに九九を覚えさせます』といったアピールをせざるをえない。親にしてみれば、そうした園に通わせる方が、ただ遊ばせるより成果が見えて安心だし、合理的なのです」

この先生の園では、定員割れがつづいたことに危機感を抱き、数年前から方針を変えたそうだ。「グローバル人材を幼児期から育てる」ことを目標に掲げて、ネイティブによる英会話や異文化体験などを積極的に行っているという。英語で保育をする「プリスクール」という教育施設があるが、園自体がそうなりつつあるのだ。

とはいえ、親が子どもの監督やマネージャーになり、限られた予算と時間で最大の成果を得ようとすれば、園に習い事の役割を求めるのはなんら不思議ではない。

実際に、子どもたちにタブレットを配布してICT（情報通信技術）教育を行っている園もあれば、近年の子どもの身体機能の低下を補うためとして朝から全員に跳び箱や短距離ダッシュを何本もさせる園もある。そして、このような園ほど脚光を浴び、人気が高い。

反対に、園が過剰なほど「遊び」に特化することもある。今の子どもたちに自由な遊びの機会がないことに目をつけ、泥遊びや自然との触れ合いを重視し、それをひたすらやらせることに注力するのだ。

私もいくつか見学したことがあるが、遊びのスパルタともいうべき園もあった。

ある園では、森のキャンプ場のようなところで、原則的に屋内に入るのは禁止にし、一日中外で遊ばせることを方針としていた。冬の寒い日に雨が降っていようとも、子どもたちに合羽と長靴を身につけさせ、昼食さえも外で食べさせる。寒ければ、自分たちで焚火をして乗り越えようというわけだ。

たしかにこうやれば、子どもたちはたくましく育つだろうが、どこまでやる必要があるのだろうか。

何にせよ、園としてはそれくらい振り切らなければ、親からの信頼を得て、子どもを集めることが難しくなっているのが実情なのである。

同じ教室で行う教育の限界

親の監督化にせよ、園のプリスクール化にせよ、私はこうした流れが必ずしも悪いとは思っていない。自由な遊びが難しくなった今、親が意識して何かをさせなければ経験値は上がらないし、そこでプロフェッショナルの指導を受けて子どもたちの才能が開花することもあるだろう。

ただし、そこには課題もあるらしい。先の先生は話す。

「本来、園って自由でゆるい空間だったと思うのです。いろんな子がいて、いろんなことをバラバラにやってよかった。だから、誰にとっても楽しい場だったのです。でも、今はみんなで一つのことを競争してやろうという流れになりつつあります。全員が一つの方向を向いて同じことを規律正しくやらなければならない。そうなると、それができない子が出てきてしまいます」

つまずきやすいのが、発達障害のグレーゾーン（境界線）の子だという。グレーゾーンの子は、雑多な集団の中で過ごしている分には特性が大きな障害になることがあまりない。みんなで園庭に集まって大声で騒いだり、独りで虫を追いかけたりしている分には、特性の凹凸が目立たないためだ。

しかし、同じ教室で園児全員を机に座らせて英語を教えるとか、運動場でチームプレイをさせるとなると、途端にうまくいかなくなる。規律を守って足並みをそろえることが苦手だからだ。

彼らがそのことでストレスを溜めた場合、教室を駆け回る、他の子と衝突するといった周りに迷惑をかけるような言動が普段以上に現われる。

グレーゾーンの子が批判の矢面《やおもて》に立たされるのは、このような状況下だ。周りの子どもたちからも、親たちからも、「みんなの邪魔をする子」と見なされ、疎《うと》ましがられる。園の方も指導を円滑に進めるために注意する。その子は自然と孤立していく。

昔は園で伸び伸びと過ごしていたグレーゾーンの子が、小学校に進学して管理教育に組み込まれ生きづらさを抱えることがあった。今は園が小学校並みに同調性を求めはじめたことで、発達特性が目立つ子が増えているのだ。

もう一つの課題は、**子どもたちの主体性の欠如**だという。先の先生の言葉である。

「物心ついた時から、親や園からこれをやりなさい、あれをやりなさいと言われると、子どもは自分から何かをすることが減ります。与えられたことを黙ってするのは上手になりますが、自分で物事を探求して切り開いていく力が弱くなる。

こういう子には二つの特徴があります。一つが大人から離れられなくなること。自由な空間に身を置くと、何をやっていいかわからないので不安になる。それで怖くなって親にしがみつくのです。

二つ目が、大人の顔色をうかがうようになること。親の評価や判断が最優先されるので、あらゆることにおいてお伺いを立てなければならなくなる。自分で面白そうと思うことを積極的に探してやることができない。もっとも、親にしてみれば〝親の言うことに従う良い子〟なのでしょうが……」

先生によれば、こうした子どもは「これでいい？」「あれやっていいの？」と口癖のように聞いてくるそうだ。そして何か自分の意にそわないことが起きたら、慌てふためいて先生や親の元へ駆け込んで、「どうにかして！」と訴えるらしい。自我が育っていないのだ。

「サプライズ」ってどうやるの？

幼い頃から、大人から与えられたことしかやってこなかった子たち。彼らが抱えている内面の問題について、幼稚園の園長（関東、40代女性）がこんなことを指摘した。

「大人の言いなりになってきた子って、サプライズができないんです。昔は年長さんくらいになると、みんなで先生に向かっていろんなサプライズを仕掛けてきたものです。ある先生が結婚すると聞いたら、子どもたちだけで話し合って公園の草花を集めて花冠を作って、卒園式の時にプレゼントするといったことがありました。

けど、今、サプライズができる子は4分の1くらいです。サプライズをするには、多くのことを自分で考え、実行しなければなりません。先生は何をしたら驚くか、最初にどの友達に相談するべきか、クラスみんなで仕掛けるにはどうすればいいか……。

自由に生きてきた子は自然にそのイメージを持っているし、みんなと話し合って実行できます。でも、親の言いなりになってきた子は、そもそもサプライズが何なのか思い描くことさえできないのです」

園長によれば、かつては卒園式の後の謝恩会の時など、かならず園児たちが全員でサプライズを仕掛けてきたそうだ。しかし、10年くらい前からそれがぱったりとなくなり、逆に先生がサプライズをしても、想定外のことをされた驚きで動揺して泣いてしまうらしい。

私は、サプライズができる子どもこそ優秀で素晴らしいなどとはまったく思わない。ただ、幼児がサプライズをするためには、先生の指摘通り、共感力や想像力など複数の能力が一定レベルまで育っている必要がある。それがその先に生まれる創造力につながっていく。こうした能力が年齢相応に身についていないのだとしたら、園長の懸念は当然だ。

Ⅱ部　小学校で

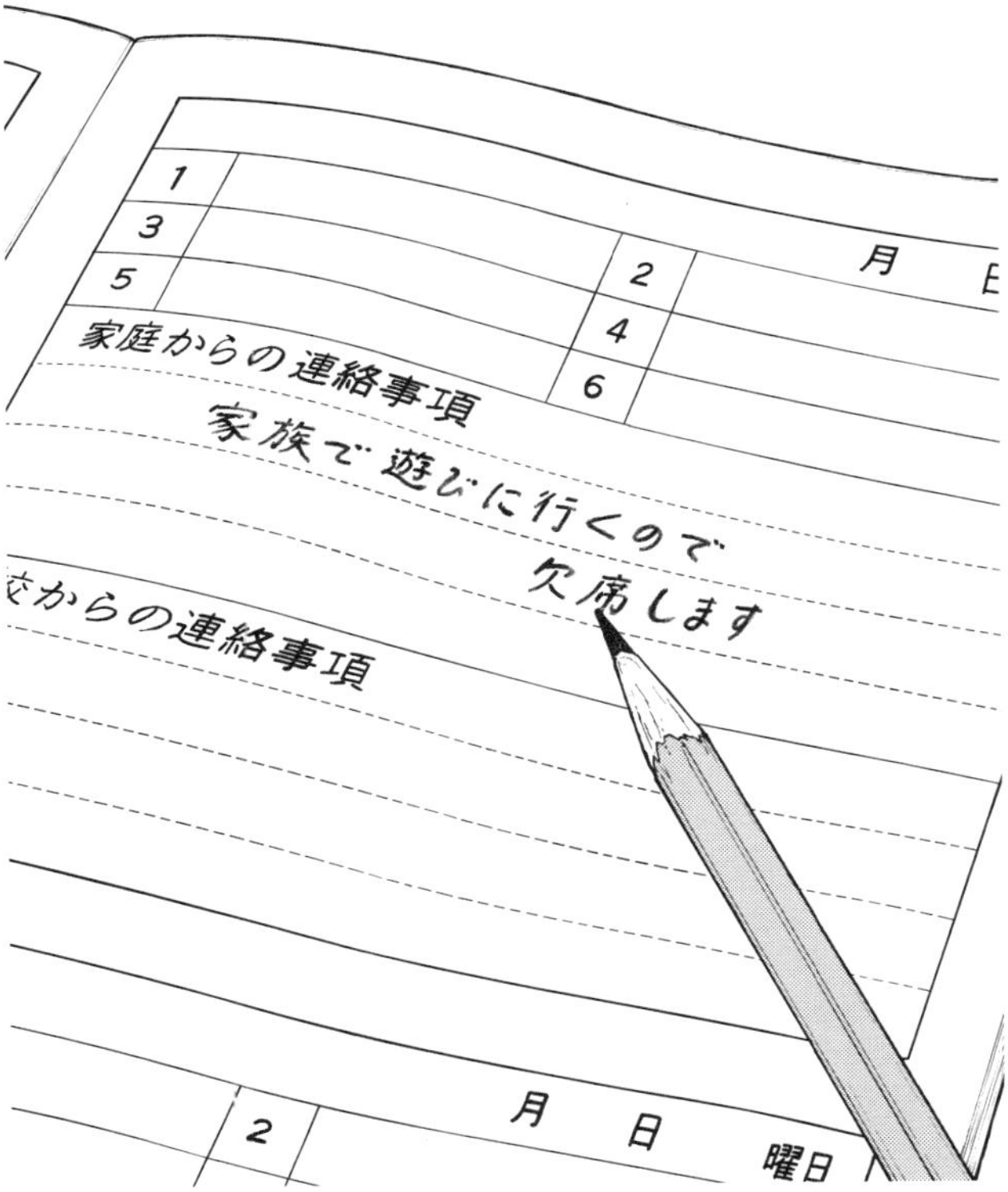

1　学校の監視から逃げられない

待ち合わせ場所のない遊び

町中《まちなか》で遊んでいる小学生を見かけなくなって久しい。

公園や空き地へ行っても、人っ子一人見当たらないということも珍しくない。かといって、どこかの家の前にたくさんの自転車が並んでいて、子どもたちのワイワイとした声が聞こえるというわけでもない。スーパーやコンビニにも小学生の姿は見られない。

午後3時に学校が終わったとして、夕食までは4時間ほどある。漫画を読むにせよ、ゲームをするにせよ、子どもが独りで時間を潰すにはそれなりに長い時間だ。

今の子どもたちは、どこでどう過ごしているのだろうか。

子どもがみな放課後を孤独に過ごしているわけではない。学校で仲のいいクラスメイトと「4時に待ち合わせね！」と約束するまでは、昔と同じだ。しかし、待ち合わせ場所は、公園や友達の家ではない。ゲームの中なのだ。

今のゲームはオンライン上で行うのが主流になっていて、お互いが自分の家にいる状態で、友達とゲームの中で待ち合わせをすることができる。そのため、放課後、彼らは待ち合わせの時間にアバター（ネット上の分身となるキャラクター）として会い、同じゲームで一対一の対戦をしたり、チームを組んで共闘して敵を倒したりする。

ちなみに子どもたちがオンライン上で接しているのは直接会ったことのない人も含まれる。東京都の「家庭における青少年のスマートフォン等の利用等に関する調査報告書」（2024年2月）では、知らない人とやりとりしたと答えたのは小学校低学年で22・6％、高学年で14・2％に及ぶ。こうした出会いの中で子どもが児童ポルノなどの犯罪に巻き込まれることもある。

オンラインゲームは何年も前から少しずつ小学生の間に浸透していたが、コロナ禍以降に急速に広まったという。3年間の自粛期間で、子どもたちの遊び方がリアルからオンライン上へと移行したのだ。

教育ネット総合研究所の調べでは、2022年のゲーム機の所有率は、小学6年生で48・7％となっている。これだけ見れば半数に満たない数値だが、本人が自分のゲーム機を持っていなくても、兄や姉のゲーム機で遊ぶこともあるし、タブレットやスマホでもゲームを楽しむことができる。実質的には、ほぼすべての子どもがオンライン上で待ち合わせができる環境にあると言っていいだろう。

子どもたちが手軽にネット上で待ち合わせして、楽しいゲームに没頭したいという気持ちは理解できる。ただ、下校の途中で道草を食って遊んでいる子や、途中の店に寄って買い食いをしている子の姿もほとんど見かけない。なぜなのか。

先生（関東、50代男性）は、登下校中の大人による監視に原因があるのではないかという。

「今の小学生は**GPSなどで下校中も大人たちにどこにいるかを監視されているんですよ**。寄り道をしたり、途中で遊んだりすれば、即座にバレちゃうので、下校途中で遊ぶことがなくなっている。だから、学校が終わったら真っ直ぐに帰るようになったんじゃないですかね」

2010年前後から、ICTを使った登下校の見守りサービスが浸透していった。学校の校門や昇降口にセンサーを取り付け、子どもがそこを通過すると、その時刻が親のスマホに届く仕組みだ。これによって親は何分後に帰宅するのかを把握する。地域によっては、警察もその情報を共有する。

先生によれば、多くの子どもたちが入学時からこのような機器をつけられているため、通学路を外れて遊ぼうという発想が生まれにくくなっているという。

安全を守るという点では大切だが、コロナ禍による放課後の過ごし方の変化に加え、こうしたシステムの導入によって、子どもたちの遊び方が大きく変化しているのだ。

終わりのない学校

一方、小学校には授業が終わっても帰宅しない子がいる。親が働いているため、学童（放課後児童クラブ）に通っている子だ。

かつて共働き家庭の子は「鍵っ子」などと呼ばれる少数派だったが、1990年代の終わりから共働き世帯が専業主婦（夫）世帯を上回り、近年は7割に達している。それに伴い、学童に通う子は3人に1人くらいになった。

学童に通う子にとっても、放課後の過ごし方は大きく変わっている。

以前は、学童が学校の外にあることが大半だったが、近年は国の指針で、学校内に設置するのが主流となっている。校舎の空いている教室を利用したり、校庭の隅に別の建物を設置したりして、そこに放課後児童支援員を配置するのだ。

学童を利用するのは、主に小学1～3年生だ。4時間目、5時間目が終了すると、そのまま校内の学童へ3分の1、多いところでは半数以上の子どもが流れていく。そこで放課後児童支援員の人たちに見守られながら、宿題をする、お菓子を食べる、映画を観るなどして午後6～7時くらいまで過ごす。

ここ数年、親の朝の出勤時間に合わせて、学童が毎朝7時過ぎから子どもを預かったり、学校が校庭開放をしたりする取り組みが、一方でははじまりつつある。そうなると、最大で12時間くらい、子どもは学校にいつづける。つまり、今は、学校に滞在する時間がとても長いのだ。

親にしてみれば、子どもが学校という管理された空間にいてくれるのは安心だろう。国もそういう考えで、校内に学童を設置することを勧めている。しかし、学校や学童で働く人たちは、それによって生じるデメリットも感じているようだ。

放課後児童支援員（関東、30代女性）は言う。

「学校でうまくやっている子はいいのですが、そうでない子だとほぼ一日中同級生に囲まれているのでしんどいだろうなと思います。放課後って一種の〝逃げ場〟だったと思うんですよ。クラスメイトとの煩《わずら》わしい関係から離れ、厳しい大人からも身を隠し、ゆっくりと過ごす自分だけの時間。そこではあらゆるストレスから解放されました。

でも、そうした放課後も学校内の学童に留まらなければならなくなったらどうでしょう。特に学校に溶け込めない子だとか、人と付き合うのが苦手な子はずっとストレスフルな環境に身を置かなければならないわけです。それが苦になって不登校になる子もいます」

少なからぬ読者は、学校が終わるのが待ち遠しくてならなかったという思い出があるのではないだろうか。

私も下校途中に友達と寄り道したり、買い食いをしたりして騒いだ後、家に帰って夕食の時間までお菓子を食べながら本を読んでいるのが至福の時間だった。

しかし、学校の中に学童が設置されていれば、**教室での人間関係やプレッシャーがそのまま学童に移行する**ことになる。

クラスでいじめられていれば、学童に行ってもそれが引き継がれる。クラスに溶け込めなければ、学童でも同じことが起こる。クラスで起きていた学級崩壊が、そのまま学童に移行して〝学童崩壊〟になっているケースもあるという。大人の感覚では3、4時間はあっという間だが、子どもはその何倍も長く感じるものだ。

学童拒否の先にあるもの

不登校にならなくても、別の形で学童への不満を示す子もいる。先の放課後児童支援員は次のように話す。

「学童がクラスと違うのは、他のクラスや学年の子がいることです。自分のクラスではうまくいっていても、学童では他の子たちとぶつかってしまうという声はよく聞きます。

時々あるのが、2、3年生の子がクラスでうまくいかない鬱憤《うっぷん》を、学童に来て年下の子にぶつけることです。いじわるをしたり、無視したりする。彼らにとってはストレス解消なのでしょうが、やられる子にとってはたまりません。

そうした子たちが起こすのが、〝学童拒否〟です。**自身のクラスで授業を受けることはできるのに、学童での人間関係が嫌で行けなくなってしまう。**そういう子は授業が終わった途端、学童へ行かずに外へ逃げていきます」

彼女が教えてくれた例を紹介しよう。

母子家庭で、一人っ子として育った小学1年の女の子がいた。母親は金融関係の企業で正社員として働き、娘を学童に預けていた。

小学校に入学してから2カ月間、女の子は毎日校内にある学童に通っていた。そこで、上の学年の子からいじわるをされることもあったが、最初はどうにか我慢していた。

6月のある日、ついに女の子の気持ちが切れた。授業が終わった後、学童へは行かず、そのまま行方をくらましたのだ。

間もなく学童側が気づき、母親に連絡したところ、家は鍵が閉まっていて帰宅することはできないとのことだった。放課後児童支援員や先生が町中を捜し回ると、スーパーマーケットのベンチに座っているのを発見した。

後日、母親が確認したところ、女の子は学童の人間関係が嫌でもう行きたくないと言った。いくら説得しても、首を縦に振らない。母親は困り果てたが、無理強いすれば、登校拒否になりかねない。

母親は放課後児童支援員や先生とも話して、学童には行かせず、自宅に帰らせることにした。その代わり、自宅のすべての部屋に「見守りカメラ」を設置し、ちゃんと帰宅したかどうかを確認できるようにした。見守りカメラとは、スマホと接続して部屋の様子を見たり、音声通話をしたりするものだ。

こうしてその子は授業終了後に帰宅することになったが、今度は家で独りぼっちでいるのが寂しくてならなくなったらしい。30分おきに親に連絡してきてはどうでもいいような話を長々としたり、駄々をこねたりした。

母親は仕事が手につかなくなり、3学期から祖父母のいる実家で暮らすことを決め、女の子は転校することになった。

他人の家の中を見たことがない

放課後の小学生は「帰宅組」と「学童組」に分かれるが、どちらにも共通することがある。学校以外で顔を合わせる機会が少ないということだ。

子どもたちには、学校で見せる顔と、そうでない顔がある。もし放課後に公園や児童館で遊んだり、休日に少年野球や少年サッカーをして過ごしたりすれば、友達の学校以外の顔に触れることができるだろう。

私が子どもの頃は、ある程度そのような機会があったと思う。だから一年中半袖半ズボンの子がいて、誰かが「ビンボー」とからかっても、別の子が「あいつの家はすごく大きくて、毎年海外旅行へ行ってるんだぜ」と庇《かば》った。あるいは、学校では勉強が苦手な子も、家ではラジオやパソコンを組み立てていることを知る友達から一目置かれることがあった。

しかし、子どもたちが学校でしか会わなければ、いくら仲が良くても学校内での一面にしか触れられない。こうなると、友達のことを学校で見る姿だけで判断し、人として丸ごと理解することが難しくなるのだ。

校長（東海、50代男性）は話す。

「放課後にオンラインゲームをしていれば直に会わなくなりますし、学童に通う子はその後に誰かと遊ぶということはありません。多くの子は、クラスで見る姿がその子のすべてになっています。

本来、人っていろんな顔があるじゃないですか。学校で見せる顔、公園で見せる顔、家で見せる顔、買い食いの時に見せる顔など全然違う。でも、今の子は教室でしか顔を合わせないことがほとんどなので、一面だけしか知らない。そういう意味では、友達に対する理解が浅いような気がしています」

校長によれば、これを象徴するのが、〝他人の家の中を見たことがない子〟の増加だという。

クラスメイトの家がたまり場になっていたり、友達の誕生日パーティーやクリスマスパーティーに誘われたりした記憶のある人も多いだろう。

こうした体験の中で、子どもは様々な発見をするものだ。友達の家があまりに大きくて驚いた、認知症のおばあさんを介護していることを知った、本棚を見て読書家であることに気づいた、壁に表彰状がたくさん飾られていた、怖いヤンキーのお兄さんがいてビビった、お父さんのカツラが置いてあった……。新たな一面を知ることが友人への深い理解につながる。

ところが最近は、他人の家に行くのが、プライバシーを侵害する行為と考えられ、タブー視されつつある。他人のプライベートについて聞いてはならないという風潮もできつつある。コロナ禍がそれをより強めた面もあるだろう。

また、親が仕事で忙しく、PTAなどを通じて他の親と付き合うことも減った。たとえ子ども同士が学校外で会わなくても、親同士の仲が良ければ、そこからその子の情報が伝わるものだが、そうしたことが少なくなってきたのだ。

こうなると、必然的に学校で見る友達の姿がすべてになる。どこでどのような暮らしをしているのか。親やきょうだいはどういう人なのか。特技はあるのか。そうしたことが皆目わからない。

校長はつづける。

「子どもがクラスメイトの一面しか知らないと、それだけですべてを判断するようになります。このような子によく見られる特徴が『あいつは～だから』『おまえ結局～でしょ』という決めつけです。あいつは成績が悪いから存在価値がないとか、ゲームソフトをたくさん持っているからゲーマーだといったように**一面だけで判断して、全人格を決めつける。**そしてマイナスの面だけ見て徹底的に叩く。だから、子どもの方も学校では猫を被るなどして、できるだけいい面だけを見せようと必死になるのです」

もし学校の成績が悪くても、その子が将棋の大会で何度も優勝しているのを知っていれば、「存在価値がない」とは言わないだろう。あるいは、ゲームに詳しくても、家の本棚にたくさんの本が並んでいるのを知っていれば、「ゲーマーだ」と断じることはない。

そうしてみると、人の多面性を知る機会が減ったというのは、相手を一面からのみ捉えて、安易に批判してしまうリスクが高まったともいえるのだ。

2　子どもの身体に起きていること

バンザイの姿勢をとれない

学校生活では帰宅組と学童組だけでなく、運動能力の面でも運動ができる子とそうでない子の〝分断〟が顕著だという。

先日、保護者向けの講演会で小学校を訪れた時、見慣れない光景に出くわした。校庭であるクラスが体育の授業でドッジボールをしていた。子どもたちの何人かが黒い防弾チョッキのようなものを上半身につけている。

最初、私は運動能力の高い子たちが、加圧トレーニングでもしているのかと思った。だが、授業を見る限り、装着している子どもたちは、他の子と比べて体の線が細く、動作もぎこちない。そして真っ先に標的にされ、簡単にボールをぶつけられている。

先生（関東、50代男性）は説明した。

「あれは、プロテクターなんです。今は運動能力が著しく低い子が結構いて、ボールを避《よ》けられず、胸に当たって事故につながることがあるんです。鎖骨や肋骨が折れるとか、最悪の場合は心臓が止まってしまう。なので、運動が苦手な子や、自分で怖いと思っている子には、プロテクターをつけさせているのです」

最近の学校にはドッジボール用の軽量で柔らかなゴム製のボールが用意されている。病弱な子ならまだしも、健康な子がそのボールをぶつけられたからといって怪我をするとは思えないが、多少なりともその不安があるのだろう。

子どもたちの体が弱くなったというのは、以前から指摘されてきたことだ。運動会でも、事故予防のために組体操や騎馬戦といった種目が次々と廃止されてきた。今回のインタビューでも、次のような子どもがいるとの指摘があった。
・100メートル走でカーブを走って回ることができずに転んでしまう子が続出する。また、転倒時に手を突いて身を守ることができないので顔面から倒れて大怪我をする。

・準備体操で両手を上げてバンザイの姿勢をとれない。肩甲骨が固まっているため。
・四つ這いになって雑巾がけをすることができない。体幹が弱いので、ちょっと前に進んだところでバタッと顔から倒れてしまう。
・両手両足を交互に使えない。行進の時に右足と右手を同時に前にだすとか、水泳の時にクロールがバタフライのようになる。
・キャッチボールをさせたところ、グローブをはめている手を動かさない。ボールの速度や距離を予測してキャッチすることができない。そのため、相手の投げたボールが顔や胸にまともに当たってしまう。

何とも痛々しい光景だが、I部でも見たように、保育園、幼稚園では平らな床に座っていられない子が現れている。彼らが学校に上がれば、このような事態が起きても不思議ではない。

先の先生は言う。

「20年くらい前までは、授業で怪我をするといっても、せいぜい捻挫《ねんざ》や打撲で済んだものです。でも、最近はちょっと走って転んだだけで、前十字靭帯《じんたい》断裂とか、アキレス腱断裂とか、頭蓋骨骨折といった大怪我が起こるようになりました。普段から体を使っていない子が多いので深刻なものになりがちなのです」

独立行政法人日本スポーツ振興センター「学校の管理下の災害―基本統計―」によれば、1970年代と比べると、今の小中高生の学校における骨折率は2・4倍となっている。運動の機会が減っているにもかかわらず、骨折率が高まっているのは、運動能力が下がっていることの表れだと考えざるをえない。

こうしたことは整形外科の分野でも注目されており、日本整形外科学会では「子どもロコモ（運動器症候群）」と呼んでいる。関心のある方は、NPO法人「全国ストップ・ザ・ロコモ協議会」のホームページで事例が紹介されているので見てほしい。

「女の子投げ」する男子たち

今回、先生方から運動能力の低下を危惧する声があまりに多く寄せられたため、私は島根大学地域包括ケア教育研究センター講師の安部孝文氏にインタビューした。子どもの運動機能や体作りの研究者だ。

安部氏によれば、子どもの運動能力を測る指標の一つが「ソフトボール投げ」だということだ。ボールを投げる動作は、全身を使って行う。しかも、日常ではやらないような動きが多い。そのため、運動能力の差が如実に表れるのだそうだ。

図1を見てほしい（調査対象は小学5年生）。2010年くらいから飛距離が急落しているのがわかるだろう。因果関係は定かではないにせよ、子どもの間にスマホやタブレットが普及した時代と重なることは記しておきたい。

似たようなことだと、子どもの視力の低下も著しい。小学生で視力1・0未満の子は、1986年には19・1％だったが、2022年には37・88％にまで上がっているのだ（「学校保健統計調

図1　小学生のソフトボール投げの飛距離

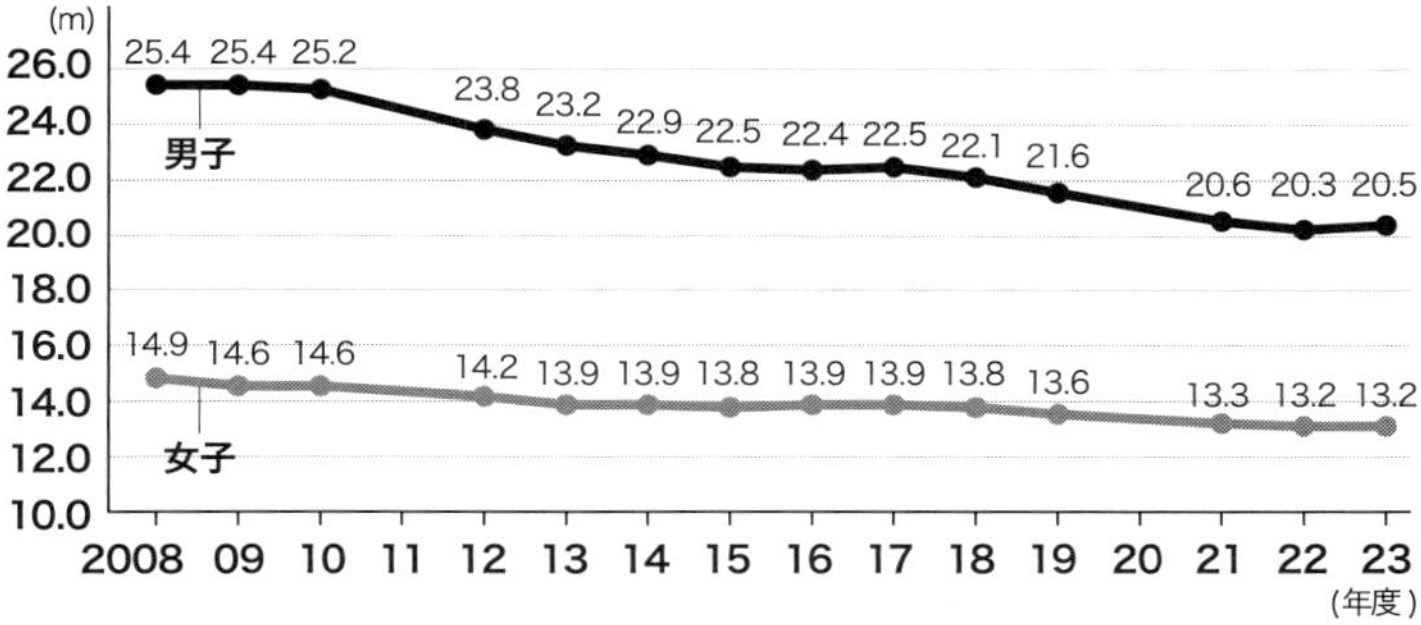

出典：スポーツ庁「全国体力・運動能力、運動習慣等調査」2023年度

査」）。眼鏡をかけている子どもが確かに町中でも増えている。これもまたデジタル機器の影響を疑わずにはいられない。

先生（東海、30代女性）はこう話す。

「クラスでボール投げをやらせると、**男子でも8割くらいの子が〝女の子投げ〟をする**のが普通です。投げる時に飛び跳ねるとか、なぜか真横に投げることもあります。あとは、右腕と右足を同時に前に出して投げようとして倒れ込む子もいますね」

女の子投げとは、肩の筋力が弱かったり、ステップを踏んで反動をつけることができなかったりして、砲丸投げのような投球フォームになることである。運動能力が均一に育っていないと、そのような投げ方になり、飛距離が出ないのだ。

できる子とできない子、両極化する運動能力

ここで押さえておかなければならないのは、子どもたち全員の運動能力が低下しているわけではないというこ

とだ。

発育発達学が専門の引原有輝《ひきはらゆうき》教授（千葉工業大）に聞いたところ、子どもの運動能力は全体的に下がっているというより、両極化しているのではないかと語っていた。

「今の子どもは、**運動ができる子と、そうでない子の差がかなり開いている**ように思います。できる子は昔の子よりずっとできるけど、できない子はずっとできない。中間層が減っているのです。できない子が全体に増えているにもかかわらず、できる子がすごくできるようになっているので、国が示すデータほどできない子の運動能力の低下が目立ちませんが、できない子の問題は深刻だと思っています」

たしかに運動能力の低下が叫ばれている一方で、子どもたちの各種目における「最高記録」は伸びている。

小学生ではないが、わかりやすいのは、甲子園出場校のピッチャーの球速だ。昔は１３０キロ前後が普通だったが、最近のピッチャーは１４０キロ台を出すことが珍しくないし、１５０キロ台に届くこともある。一方で、同じ高校生の中にはボールを投げることすらできない子もいる。こう見ていくと、両極化という指摘は十分にうなずける。

引原教授はつづける。

「原因として考えられるのは、親の意識や取り組み方の差です。今の子どもたちは、気兼ねなく外遊びできるような仲間や時間そして場所（空間）がありません。そのため、週当たりの習い事の数（種類）も多くなっており、親が運動系の習い事や地域の活動に熱心であれば、子どもには身体活動への好循環が生まれて、運動能力をどんどん伸ばしていきます。しかし、そうでない子はまったくやらない。それが体力の両極化の要因の一つになっていると考えています」

たしかに親がやらせるかどうかは大きい。

ただ、親にしてみれば、体を動かす機会が減っていることは認識しているし、だからこそ習い事をさせたいと願っている。問題は、現実的にそれができる家と、できない家とに分かれることだろう。

親の多忙さに加え、習い事にかかる経済的負担も大きい。民間のスポーツクラブで習い事をさせようとすれば、1種目につき月1万円前後かかる。これに交通費、用具代、合宿代等を含めれば、週3回習い事をやるだけで月平均3～4万円はかかるだろう。子どもが3人いれば月10万円以上だ。これを支払える家庭はそう多くはないはずだ。

それでも親たちは経済的、時間的な負担を負ってでも子どもに習い事をさせたり、お金はなくても休日にどこかへ連れて行って遊んであげたりしている。

子どもの運動能力が下がっているという事実があるかもしれないが、こういった親の地道な努力があるからこそ、子どもの運動能力の低下を今のレベルになんとか維持できているという見方もできるのではないだろうか。

限定されたスポーツ体験

かつてスポーツは、習い事というより、自由な遊びの中で覚えるものだった。

「草野球」という言葉があるように、昭和世代の人たちは友達との遊びの中で野球を覚えたという人も少なくないだろう。公園や路上でするサッカーやバスケットボールも同じだ。

だが、放課後の遊びの消滅と共に、そうした機会も失われた。校長（関東、50代男性）によれば、これで起きたのが、〝スポーツ種目の分断〟だという。

「今の子を見ていて思うのは、限定されたスポーツしかできない子が多いということです。自分がやっているスポーツは大好きだし、興味もあるけど、それ以外は見向きもしない子が増えているのです。だから、休み時間や放課後に体を動かそうとすると、自然とメンバーが固定化します」

校長は次のような体験を教えてくれた。

ある日の放課後、少年野球をしている子たちが校庭に数人集まり、ソフト（軟式）テニスのボールを使って野球をしようとしていた。校長が「周りに気を付けてやりなさいよ」と声をかけると、彼らは人数が足りなくて困っていると言った。

その時、たまたまサッカーの上手な子が目の前を通りがかった。卒業後はサッカーの名門中学へ行くのではないかと噂されている子だった。校長は彼を呼び止め、野球をやらないかと誘った。ところが、実際にはじめてみると、その子はグラブのつけ方も、バットの持ち方もわからなかった。さらには、ボールを前に投げることすらできない。聞くと、野球のやり方をまったく知らないという。

校長は仕方なく「それなら、みんなでソフトテニスをしようか」と提案した。だが、サッカーの上手な子も、少年野球をしている子たちも、テニスを見たことすらないと言った。

この一件から校長は、子どもたちの身体活動の範囲が狭まっていることを実感したという。

校長は語る。

「**限定されたスポーツしか体験していないと、運動能力が総合的に育ちません。**学校の体育の授業では、できるだけいろんなスポーツを体験させようとしています。ただ、1種目に割ける時間には限界があります。せいぜい3コマくらいでしょう。そうなると、ある程度の総合的な運動能力がベースとしてなければ、やらせてはみてもうまくできないままということになるのです」

たとえば、体育の授業でティーボールをやらせたとする。ティーボールとは野球と似た球技で、ピッチャーの代わりに、バッティングティー（台）の上に柔らかなボールを置いてバットで打つ。授業の目的には、体力の向上だけでなく、ボール遊びの楽しさやルールを覚えさせることも含まれる。だが、ボールの投げ方すらわからない子たちが、2～3回授業でやったところで、楽しいと思えるまでには至らないだろう。

スポーツで自尊感情を上げるドイツ

「もう一つ心配しているのは、体験した競技が少ないと、スポーツへの苦手意識を必要以上につけてしまいかねないということです。球技が苦手な人でも、武道なら得意ということもありますよね。でも、サッカーしかスポーツの経験がなく、それがうまくいかなかったら、いくら武道のセンスがあっても、『私には運動能力がないんだ』と考えてスポーツ自体に興味を持てなくなる。

そうした決めつけが、本来持っているはずの可能性を潰してしまうのです」とは先の校長の弁だ。

このことは、小学校ではやらない競技に当てはまるかもしれない。

短距離走、マット運動、バスケットボールといった競技なら、大抵の小学校で授業として行っているので、普段は外遊びをしない子でも、授業で自分の運動能力やセンスに気づくこともある。だが、アイススケート、剣道、スケートボード、相撲といった競技は、学校で習う機会が少ない。むしろ友達との日常の遊びの中で興味を膨らませ、やるようになるものだ。逆にいえば、友達と遊んでいないと、才能に気がつかないまま、スポーツそのものに苦手意識を抱きかねない。

このことで私が思い浮かべたのが、ドイツにおけるスポーツの取り組みだ。

ドイツでは、子どもたちは学校の授業とは別に、学校外で「シュポルトフェライン（スポーツ協会）」と呼ばれる地域のスポーツクラブに所属してスポーツをすることが多いという。ここは多世代が集まる地域のコミュニティーにもなっている。

シュポルトフェラインが日本の習い事と違うのは、そこでは一つの競技だけでなく、たくさんの競技を好きに体験できることだ。メジャースポーツからマイナースポーツまで、同世代の仲間たちと楽しめる。放課後や休日にここへ行けば、子どもは一通りの種目をやってみることで、総合的に身体能力を伸ばしたり、何の競技に適性があるのかを見つけたりすることができるのである。

現在の日本の体育の授業では、スポーツが得意な子と苦手な子を分けて、得意な子が1点とれば1点、そこそこの子が1点取れば2点、苦手な子が1点とれば3点として「公平性」を保っていることもある。これではスポーツへの劣等感を克服するのは難しい。

今の日本の子どもたちを取り巻く環境を考えれば、ドイツのシュポルトフェラインのようなものを導入し、スポーツを通して自尊感情の向上を促すのも選択肢の一つではないだろうか。

3　激増中の〝褒めて褒めて症候群〟

手をつながずにいられない男子たち

小学校の通学路を歩いていると、男の子同士が笑顔で手をつないでいる光景を目にすることが増えた。低学年だけでなく、高学年の子も手を握り合って歩いている。

仲の良い証拠なのだろうが、私が子どもだった時代には考えられないことだ。ＬＧＢＴＱなどとは関係なしに、思春期の男子としては、同性だろうと異性だろうと、相手に甘えるような行為をするのは恥ずべきことという意識があったためだと思う。

この考え方が古いかどうかは別にして、多くの先生方が子どもたちのボディータッチの頻度が増したと指摘している。先生（関東、40代女性）は言う。

「最近は、高学年の男の子でも、教員と手をつなぎたがったり、膝の上に乗ってきたりすることがあります。他者への接触がとても多いんです。男子同士で体をくっつけ合う様子も普通に見られます。

こういう子は、常に誰かに褒めてもらおうとします。休み時間のたびに教員のところにやってきて、ずっと『これできるんだよ』『これしたの』と言って、『すごいね』と褒めてもらおうとする。こっちが褒めないと袖を引っ張って注意を引き付けようとするとか、癇癪《かんしゃく》を起こしてみせるといったことをする。

20年くらい前は、そういう子は低学年のクラスで1、2名といった印象でした。でも、今はそれが高学年のクラスでも4、5人はいるようになった気がします」

一般論をいえば、人は誰もが他者から認めてもらいたいという承認欲求を持っているものだ。もし子どもたちが本当に自慢に値することをしているのなら、きちんと評価して賞賛すべきだろう。ところが、何でもないことでも胸を張って語り、褒めてもらおうとする子が目立つという。

「彼らはものすごく甘えたがり屋な一方で、**何もしないで褒めてもらおうとする**んです。そういう子って、人を貶《おとし》めてでも、褒めてもらおうとします。

教員のところにやってきて、『〇〇ちゃんより、私の方がこんなにすごいんだよ』という表現をする。だから褒めてくれというのです。あるいは、『先生、××君がこんなことしてます。僕が見つけたんですよ。偉いでしょ』と告げ口をすることで認めてもらおうとする。こういう子たちは自分が褒めてもらえればいいわけで、相手のことなんてどうでもいいのです」

彼らは一度褒めてもらうと、際限なく褒めてもらおうとするらしい。

ある子がテスト中にクラスメイトがカンニングをしているのを見つけ、先生に告げ口したとする。先生に「教えてくれてありがとう」と褒められると、その子は調子に乗って、まるで秘密警察にでもなったかのように、別の子たちのカンニングを次々に暴こうとし、ついには無実の子にまでカンニングの疑いをかけるのだ。

少し考えれば、そんなことをすれば、クラスメイトたちから煙たがられて、仲間外れにされるとわかるだろう。だが、こういう子はクラスの人間関係より、自分が褒めてもらうことの方を優先するそうだ。

褒められ中毒はエスカレートする

なにゆえ、子どもたちはそこまで褒められたいと切望するのだろう。先生方の意見を総合すれば、理由は大きく二つあるという。

一つは子どもたちが家庭で十分な愛情を受けて育っていないため、〝愛情飢餓〟になって、家族以外の人から褒めてもらおうとするというものだ。

わかりやすい例が、虐待のような劣悪な家庭環境の子だろう。親から毎日罵詈《ばり》雑言《ぞうごん》を吐かれていれば、子どもは自尊感情が低下し、自分は生きている価値がないのかもしれないと不安を抱く。それゆえ、他人に認めてほしい、褒めてほしいという気持ちが過度に膨らむ。

虐待とまではいかなくても、親が多忙過ぎて子どもに構ってやれず、ネグレクトに近い状態になっているようなケースもある。家族の介護をするヤングケアラーの子なども同じだ。そうなると、子どもたちは親から相手にしてもらえない分、身近な大人である先生に振り向いてもらおうとする。

ただ、このようなケースでは、子どもたちの甘えが、ＳＯＳとして先生に伝わり、家庭内の問題の発覚につながることも少なくない。そういう意味では、彼らが甘えてくるのは先生にとっても悪いことではないという。

厄介なのは、二つ目の方だ。物心ついた時から親や大人から褒められすぎて、〝褒められ中毒〟になっている子どもである。

これについて校長（関東、50代男性）は話す。

「今の親は子どもをよく褒める傾向にあります。育児本にもたくさん褒めて自己肯定感を高めましょうと書いてあるので、その通りにしているのかもしれません。もちろん、褒めて育てるのは悪いことではないと思います。ただ、どこまでやるかという程度の問題があります。

親が子どもを適度に褒めるのならいいのですが、中には褒めるというより過剰におだてるということがあります。こういう親は、褒めるに値しないことまで何でもかんでも褒めます。ご飯を食べたら褒め、着替えをしたら褒め、お風呂に入ったら褒める。

こういう環境で育つと、子どもたちは学校でも教員にそれを求めます。『先生、給食食べたよ』『先生、体育着に着替えたよ』『先生、手を洗ったよ』と言って褒めてもらおうとする。**褒められ中毒になって、絶えず褒めてもらわなければ気が済まなくなっているのです**」

褒められると、人は脳内にドーパミンやセロトニンが駆け巡ることで、快楽を得るとされている。適度な体験なら程よい刺激になるが、それが毎日何十回も行われれば、その人は快楽中毒になって、常に褒めてもらわなければ気が済まなくなる。覚醒剤やヘロインなど違法薬物の依存者が、どんどん強い快楽を求めるのと同じ原理だ。

校長が最近驚いた例として教えてくれたのが、小学5年のクラスの出来事だ。

そのクラスでは、何でもないようなことを1日に10回、20回と自慢してくる子が数人いた。11歳になっても「お箸を上手に使えるでしょ」とか「鉛筆の握り方が正しいでしょ」と言って、褒めてもらおうとするのだ。

若い担任の先生が求められるままに褒めていたところ、その子たちは調子に乗って授業中も同じようなことをしはじめた。徐々に授業の進行に差し障りが出るようになった。先生は校長と話し合って、今後は何でもかんでも褒めずにメリハリをつけることにした。

3学期から先生が態度を変えると、今まで甘えてきた子たちが予想外の症状を見せはじめた。授業や給食の最中に、過呼吸を起こすようになったのだ。褒めてもらえないストレスや、注意を引き付けたいという気持ちが引き金になったのだろう。しかも、1人が過呼吸を起こすと、別の子も起こすという連鎖まで現れたらしい。

問題化する親子関係3タイプ

このような事例を見ると、根本的な原因は家庭での親子関係にあるのではないかという疑念が湧く。少なくとも、子どもたちは生まれついて甘えん坊なわけではない。

先生（関西、50代女性）は言う。

「今の親は、子どもとどうかかわっていいのかわからず迷走している気がします。親の方が子どもとの距離感や、自分の立ち位置がわかっていないのです。だから、子どもを自分の玩具のように扱うとか、腫れ物に触るように接する。そうしたことが歪《ゆが》んだ関係性を生むのです」

先生が歪んだ関係性として挙げたのが次の三つだ。

一つ目が、〝過干渉の親〟だ。親が子どものすべてを決めなければならないと思い込み、付き合う友達、遊ぶ内容、習い事などすべてを決めてやらせる。I部で見た「監督化・マネージャー化する親」がそのまま小学生の親になった例だろう。

このような家庭で育った子どもは、母子分離（親子分離）ができていない。だから、親から離れると不安になり、独りでいることに耐えられなくなる。近年、親が子どもの登下校に同行したり、廊下で授業を見守ったりする例が増えているが、一因として過干渉があるそうだ。

二つ目が、〝子どもと友達関係になる親〟である。母と娘に多いが、母と息子の場合は疑似恋人のような関係になるらしい。息子と出掛けることを「デート」と称して嬉々とするタイプだ。

友達関係になると、親がわが子に恋愛の相談をしたり、深夜にスナックやバーへ連れて行ったりする。こうした親子の間でくり広げられる会話は、親子のそれというより、どこまでも女子トークや恋人トークみたいなものになりがちだ。

三つ目が、〝子どもにゴマをする親〟だ。親が子どもの機嫌を心配し、絶えず顔色をうかがう。そして何とか機嫌を良くさせようと、何でもないことで持ち上げる。

朝起きただけで「自分で起きられるなんてすごいね」と頭を撫《な》で、髪を結っただけで「かわいい！」と拍手する。子どもは裸の王様のように自分を現実以上に大きな存在だと勘違いする。

ここに挙げた三つのタイプの親に共通する傾向としてあるのが、子どもを不必要に甘やかし、褒めることだという。本来なら親と子の関係に一線を引き、厳しくするところは厳しくするべきだ。だが、右のような関係ではそれができないので、何でもかんでも褒めようとする。

なぜ、親と子どもの関係性は歪むのか。先の先生はこう分析する。

「子どもが幼児の頃までは、親は一方的に何かを命じてやらせればいいんです。ご飯食べなさい、お風呂入りなさい、眠りなさいと言っておけば一通りのことが完結します。年長の親と、幼い子どもという関係なんです。

でも、子どもは小学生になると人格がしっかりしてきて、自分の意見を持つようになります。親も対人間として子どもと向き合わなければならなくなる。その時、親が子どもとどういう関係性を築けばいいかわからないと、**すでに世の中にある人間関係のひな型を持ち出してくる**のです。それで、仲の良い友達と付き合うように子どもと接して女子トークに花を咲かせるとか、過剰に気をつかっておだてるといったことをするのです」

先生の言う通りであれば、I部で見た「親モデルの崩壊」にも通じるテーマだろう。

未就学児の親だけでなく、小学生の親にも〝親モデル〟は存在しない。ゼロから自分なりのそれを作り上げなければならないのだ。それをする自信がない親が、先生の言うようにどこかから既存のモデルを引っ張り出してくるのだろう。

子育てに「ほどほど」は許されない

先生はつづける。

「今の親には、褒めることが、子どもに何かをやらせる手段になっています。『○○ちゃんは天才だね』と言って宿題をやらせ、『○○ちゃんはお掃除のプロだね』と言って後片付けをやらせる。褒めることが餌になっているんですよ。

こういう子どもは、それをやる意味を理解した上で、自らやっているわけではありません。褒めてもらうためにやっているだけ。だから、ある程度の年齢になって褒めてくれる人が周りからいなくなると、自分からはやろうとしなくなるのです」

子どもの中には聞き分けのいい子もいれば、そうでない子もいる。タイプはそれぞれだ。

昔は、親が言うことを聞かない子に対して大声をだしたり、手を上げたりして力任せに何かをやらせることがあった。だが、今はそんなことをすれば、児童相談所に通報され、虐待の疑いをかけられかねない。

そこで親たちは「褒める」ことで子どもを操ろうとする。子どもたちの機嫌を取り、あの手この手でおだてて、どうにか言うことを聞かせようとする。それが行き過ぎると、褒め過ぎという事態が起こる。

いつ頃から、親の褒め過ぎの現象が目につくようになったのか。前出の校長は言う。

「私の記憶が間違っていなければ、高橋尚子というマラソンの選手が監督から褒められて育てられ、オリンピックで金メダルを獲ったことがありましたよね。あのあたりから、子どもを褒めて育てようといった流れができ上がった気がします。20年以上が経ち、その間に虐待や体罰への意識も高まったことから、褒めて育てるという言葉がどんどん独り歩きしました。昔の体罰が横行していた時代の反動もあるかもしれません。飴と鞭でいえば、『飴』だけがどんどん甘くなっていった感じです。

私はこれを健全だと思いません。鞭だっていろんな種類があるだろうし、飴だって同じです。それなのに、両極端に考えるから、親だって褒めちぎらなければならなくなる。親が甘いというより、社会の風潮の中で親がそうさせられている面もあると思います」

体罰にせよ、褒め過ぎにせよ、振り子の振れ幅が大き過ぎる。

本来、親はその時々で子どもにとって何が最良の対応かを考え、柔軟に接していくべきだろう。それができないから、どちらかに極端に振り切ってしまう。

子どもたちの〝褒められ中毒〟は、迷走する親たちの姿を象徴しているのかもしれない。

4 拡大する校内暴力

先生に暴力を振るう低学年

巷では、今時の子どもは昔に比べるとおとなしくなったといわれている。だがその一方で、これまでにないほど校内暴力が増加しているのを知っているだろうか。

校内暴力といえば、中高生の不良が先生に歯向かったり、学校の窓ガラスやドアを壊したりといったイメージがある。

文科省が実施した「児童生徒の問題行動・不登校等生徒指導上の諸課題に関する調査」によれば、２０２２年度に小中高校で起きた暴力行為は、９万５４２６件。20年前と比べると２・８倍であり、子どもの数が減少していることを踏まえれば、現場感覚では相当増えている実感があるはずだ。

一体、どういう子どもが暴力行為を起こしているのか。図２を見てみると、中高生に比べて小学生の暴力行為発生件数が右肩上がりになっていることがわかるだろう。

校長（東北、50代男性）は言う。

「昔はガキ大将同士が校庭でケンカするとか、教室で暴れて物を壊すといったことがありました。いじめでも身体的な暴力がメインだった。でも、今はそういうことがなくなっています。代わりに起きているのは、**クラスにあまりなじめない未熟な子がパニックになって他人に危害を加える**ことです。意にそわないことを言われて頭に血が上り、とっさに他の子どもを叩くとか、先生を突き飛ばすといったことです」

校長の学校でもつい先日、子どもによる先生に対する暴力があったそうだ。

小学3年のクラスみんなで大掃除をしている時、ある男の子がふざけて男性の先生に〝カンチョー〟を何度もしてきた。あまりにしつこいので、先生が振り払おうとしたところ、たまたま手が目にぶつかった。すると、その子はパニックになり、「ひどい！　ひどい！」と言って持っていたモップで先生に殴りかかり、眼鏡を壊して顔に怪我を負わせたという。

校内暴力とは、学校生活に起因して起きた暴力行為（対教師暴力、生徒間暴力、器物損壊）と定義されている。この男の子の暴力は未熟さからくる癇癪に過ぎないように思えるが、定義からすれば立派な校内暴力となる。

図2　小中高生の暴力行為発生件数

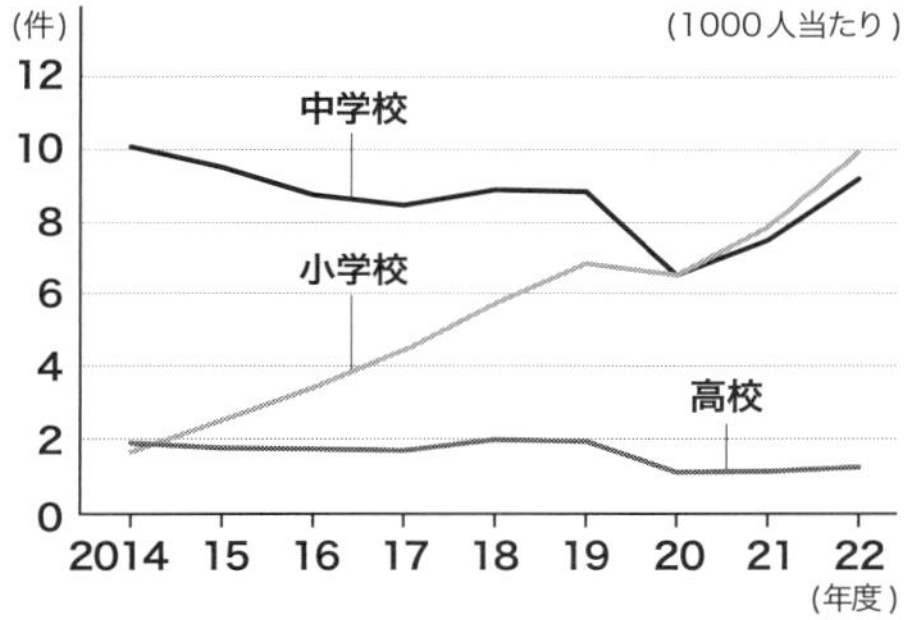

出典：文部科学省「児童生徒の問題行動・不登校等生徒指導上の諸課題に関する調査」2022年度

先生たちの意見で共通するのが、小学校での校内暴力は学年が低ければ低いほど起きやすいということだ。それを裏付ける統計がある。

図３は、小学校で暴力行為をした加害児童数を学年別に２０１４年、２０１８年、２０２２年で比較したものだ。すべての学年で増加しているが、高学年より低学年で、暴力件数が有意に増えているのがわかるだろう。

先の校長が指摘するように、未熟な子がパニックになってする暴力なのであれば、たしかに低学年の子の方が起こりやすいのかもしれない。

どうして、こんな事態が起きているのか。

図3　校内暴力における学年別加害児童数

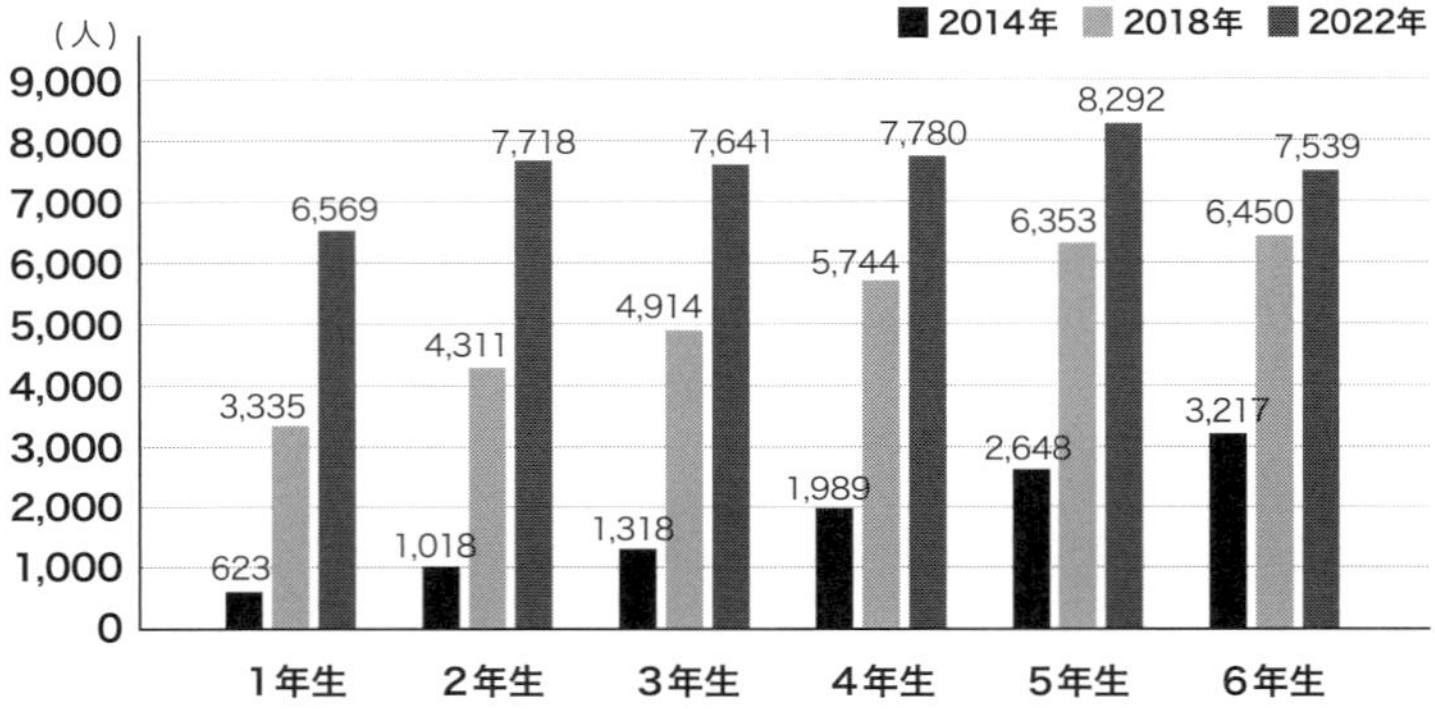

出典：文部科学省「児童生徒の問題行動・不登校等生徒指導上の諸課題に関する調査」2022年度

感情爆発の理由は「裏切られた」

学校で暴力を振るうのは、普段はおとなしい子が少なくないらしい。先生（関西、40代女性）は言う。

「クラスで問題を起こす子って、何でもかんでも自分の思い通りにいくと考えていることが多いのです。そしてこういうタイプの子が年々増えてきています。周りが全部、自分にとって都合の良いことをしてくれるだろうという前提で生きている。

こういう子たちは、自分の思い通りにならないと、逆上します。現実を受け入れられないのです。だから、ちょっと想定外のことが起こると、相手をひどい言葉で非難したり、手を上げたりします」

先生が言うには、このタイプの子どもが増えている背景には、先述のような「親による過剰な甘やかし」が影響しているそうだ。親が成功体験だけを山ほど用意し、過大な言葉で賞賛していれば、子どもが尊大になるのはやむをえない。

彼らはあらゆることが思い通りになると思ってい

る。だから、友達や先生が自分の期待に応えてくれればいいが、そうでなければ勝手に「裏切られた」と考える。そして頭に血を上らせ、一方的に怒りをぶつける。教室で起きている校内暴力は、子どもたちのそんな感情爆発の形なのだ。

前出のモップで先生を殴った子どもの例で考えてみよう。

あの子にしてみれば、カンチョーは先生への（下手な）愛情表現だった。カンチョーをすることで先生とじゃれ合いたかったのだ。

しかし、あまりにしつこいので、先生が払いのけようとしたところ、手が彼の目に当たった。その瞬間、この子は期待を裏切られたと感じて逆上し、先生に殴りかかった。

こうして考えると、未熟な低学年の子ほど暴力行為が目立つことにも納得がいく。

絶対に先生は僕を嫌ってる！

先生はつづける。

「今の子はすごく打たれ弱いといわれていますよね。私としては**子どもたちが打たれ弱くなったことにも、親の甘やかしが関係しているように思っています**。甘やかす親は、子どもが間違ったことをしても注意しません。子どもに嫌われたらどうしようと考えて黙っているのです。そのような家庭で育つ子どもは、大人から何かを指摘されたことがないので、注意されると信じられないくらい大きなショックを受けます」

先日も、先生のクラスで、ある子どもが忘れ物をしたそうだ。何日も同じことがつづいていたため、先生は「メモを取って忘れないように気をつけましょう」と言った。普通の子どもなら「はい」と言って終わる。だが、甘やかされて育った子どもは、「先生に悪口を言われた」「先生も学校も大嫌い」と落ち込み、学校に来なくなったという。

大人が感情的になって叱り飛ばすことと、間違いを指摘して正すことは、根本的に異なる。幼い頃から、家庭で親にきちんとした指導を受けてきた子は、先生が自分のためを思って言ってくれたのだとわかるので素直に聞き入れる。

一方で、そうした経験に乏しい子どもたちは、自分を否定する言葉はすべて罵詈雑言だと受け止める。ゆえに、「先生は僕のことを嫌っている」「自分は学校にいちゃいけないんだ」などと被害妄想を膨らます。

子どもが打たれ弱くなっているという話は、他の先生においてもほぼ共通認識だった。それを実感する出来事として挙げられたのが次のような例だ。

・学校でタブレットをやたらと近づけて見ていたので、「画面を見る時はもう少し目を離しなさい」と言ったら、その場で号泣しはじめた。
・同級生を叩いた子を注意したら、「先生にパワハラを受けた」と言って不登校になった。
・教科書の音読で読み間違いを指摘したところ、家に帰って親に「先生が私のことをみんなの前でバカって言った」と言いつけた。
・子どもたちが一株ずつアサガオを育てていた。あるアサガオが枯れかけていたので、先生が

「ちゃんと水をあげなさいよ」と言ったら、子どもは「このアサガオが不良品なんだ！」と反論してきた。

・少年野球の試合で監督に「今日は調子悪いな」と言われて途中交代を命じられた。その子は「自分だけ差別されている」と言って少年野球をやめた。

どの例も、大人が理不尽に子どもを叱っているわけではない。物事がより良く回るように指導しているだけだ。それを「不条理に怒られた」と受け止めているのは、子どもの方だろう。

止められない学級崩壊

小学校で校内暴力が増えれば、教室はどんどん荒れていく。そうして起こるのが学級崩壊だ。教室では子どもの暴力に加え、本書のプロローグで見た〝静かな学級崩壊〟も起きている。だが、先生方にしてみれば、それを抑えるのは至難の業だそうだ。

先生が子どもたちに指導できない一因が、発達障害との関係だという。学校の中で発達障害の線引きや対応が決まっていないがゆえに、子どもの奇行を注意できないのだそうだ。

これを教えてくれたのは、プロローグに登場する副校長だった。

「小学校には特別支援学級がありますが、通常学級にも発達障害のあるお子さんはいます。保護者が自分の子を特別支援学級に入れるのを拒んだり、診断を受けさせたがらなかったりするので通常学級に入ってくる。もちろん、グレーゾーンの子もいます。クラスにもよりますが、多いと

5、6人いる。そういう子たちが授業中に問題行動を起こすことがあるのです。障害がある子に対する対応は簡単ではありません」

文科省の2022年の調査では、小学校や中学校の通常学級に通う子どものうち、発達障害の可能性があるのは8・8%とされている。35人学級なら、クラスに3人の割合だ。

発達障害の症状や重度はそれぞれだが、集中力がつづかない、音や臭いに過敏になる、自己表現が不得意、言われたことを理解できないなどといった特性から、教室で和を乱すような行動に及ぶ場合がある。

現在、学校では、子どもたちに発達障害があった場合、その特性を認めようという流れになっている。朝礼で一列に並んでいるのがつらければ並ばなくていい、みんなと給食を取れなければ校長室で食べていい、といったような具合だ。

注意欠陥にせよ、感覚過敏にせよ、発達障害のある子どもが自らの特性をコントロールするのは至難の業だ。そういう意味では、学校側の方向性は間違いではない。問題は、誰の行為をどこまで容認するかが定まっておらず、現場の先生の判断に委ねられている点だ。

副校長は言う。

「子どもに発達障害の特性があって、教室から出ていった場合、先生は『あの子は発達障害だから認めるしかない』と考えて放っておきます。押さえ込むことができないので、そういう判断になる。

でも、これをすると、他の子にまで波及してしまいます。別の子が真似をして教室からいなくなったり、『なんで彼はよくて僕はダメなんですか。それって差別ですよね』という声が上がったりする。

ややこしいのは、こういう子たちもグレーゾーンだということです。そうなると、彼らの行動も認めなければならなくなり、今度はグレーゾーンではない子にも認めなければならなくなる。これで、クラスがメチャクチャになります。

教員の側も、この子は障害で、この子は違うという明確なものがあれば、それなりの対応ができると思うんです。けれど、知的障害と違って、発達障害の場合は診断を受けていない子もいるし、グラデーションの幅がとても大きいので一筋縄ではいかないのです」

副校長の指摘の通り、発達障害は介護認定やがんのステージのようにレベルが決まっているわけではない。人なら誰もが持っている特性の出方の違いなのだ。

発達障害の専門家でもない先生方が、35～40人に上る子どもたち一人ひとりの特性を細かく分析して、それぞれに合った対応を決め、他の子どもたちにも納得させて実行することなど到底無理な話だ。

そうなると、先生は子どもたちの行動を注意できなくなる。だから、教室を出ていったり、床に座り込んだりする子を無視し、席についている子だけを相手に授業をする……。

これは校内暴力でも同じだ。発達障害の疑いのある子が暴れても、どこまで注意するべきか判断がつかない。そうなると、他の子にも適切に対処することができなくなり、教室に荒れが広がっていく……。

こう見ていくと、先生の力量に頼るのは限界にきているのかもしれない。

5　教室ではマウント合戦が激化

教室の〝アツ〟がすごい

学校に居心地の悪さを感じている子どもたちは、フリースクール、子ども食堂、無料塾などに比較的多く集まっている。こうしたところで子どもたちに「学校の何が嫌なのか」と尋ねると、おおよそ同じ言葉が返ってくる。

「教室の〝アツ〟がすごい」

アツとは、圧力、プレッシャーのことだ。教室の空気があまりに重苦しく、耐えられないほどだという意味だ。

現在の教室には、コンプライアンスの徹底により、あからさまないじめや体罰はなくなった。だが、それと入れ替わって出てきたのはすでに見てきた諸問題だ。

長い学校滞在時間、人の一面のみでの決めつけ、静かな学級崩壊、新たな校内暴力、褒められ中毒……。これらが子どもたちの足枷《あしかせ》となって登校意欲を減退させる。

校長（東海、50代男性）は言う。

「教室では、子どもたちがそこかしこで〝マウント合戦〟をしています。今の子どもたちは、昔みたいに乱暴な言動で相手を抑圧しない代わりに、『受験しないヤツはクズ』とか『え、お前、スマホ持ってないの？』といった陰湿で間接的な表現で他人を貶めようとします。現代は、ゲーム、アプリ、アイドル、漫画などいろんなものが世の中に溢れていますよね。子どもたちは各々得意なところでマウント（優位性）を取ろうとするので、あっちへ行っても、こっちへ行っても、何かしらの圧力を加えられるのです」

どれだけ学校が協調を呼びかけたところで、子どもが〝カースト〟を作り、少しでも立場を上げようとするのはいつの時代も同じだ。

昔は、ガキ大将に象徴されるように、それが腕力などわかりやすい形で行われていた。先生はそんなガキ大将の頭をゴツンとやればよかった。

だが、今の子どもたちは大人に気づかれないように、言葉で他人を貶め、自らのカーストを上げようとする。先生にしてみれば、こうした状況を改善するのは簡単なことではないだろう。多忙な業務と並行しつつ、子どもたちの一言一句に耳をそばだて、介入していくことなど不可能に等しい。

校長はつづける。

「今の子どもたちは、幼い頃から雑多な人間関係の中に身を置いていないので、人との接し方が驚くくらいに下手です。その場の空気を読むとか、相手の気持ちを考えるとか、言葉を選ぶということができない。

そのせいなのでしょう、友達と他愛もない話をしていても、簡単に『おまえ、雑魚《ざこ》でしょ』とか『はい、論破〜』なんて驚くような冷たい言い方をする。我々が『そういう表現はやめなさい』と注意しても、何が悪いのかという顔をしてきます。そんな言葉を使ったら相手がどれくらい傷つくかを考える力がないのです。

こうした悪い表現は子どもたちの間にすぐに広まります。それで**子どもたちのマウント合戦は、知らないところでどんどん攻撃性の強いものになっていく**のです」

加害者側が罪の意識を持っていなければ、それをやめようという意識にはならないだろう。

この他にも、先生たちからは、ネットで使われている言葉や表現が子どもたちのマウント合戦をエスカレートさせているのではないかという意見も上がった。

たとえば、「草《くさ》」とはネット用語で「笑える」「ウケる」の意味だが、子どもたちは簡単に「こいつ、点数悪すぎて草」とか「マジで草」といった表現をする。ネット用語なのであからさまな悪口ではないが、言われた子どもは大きなショックを受けるはずだ。

また、一時期流行った「それってあなたの感想ですよね」も頻繁に使われている。発言する側は流行語を発しただけという認識だが、言われた側にしてみれば、対話を一方的に遮断されたと感じる。完全否定されたのと同じだ。

教室の中で、そんな言葉の応酬がくり広げられれば、子どもたちがアツを感じるのは仕方のないことだろう。

キャラ化して得られるもの

今の学校の教室で行われているマウント合戦。柔軟性のある子なら、うまく受け流せるかもしれないが、そうでない子は飛び交う言葉に傷つき、疲弊《ひへい》していく。

そんな子どもたちがわが身を守るためにするのが〝キャラ化〟だ。

先生（関西、40代女性）は言う。

「学校では個性を出そう、自己表現をしようと伝えています。それが主体性を築き上げていく上で大切なことだとされているのです。

しかし、傷つきやすい子どもたちは、生身の自分を表に出そうとしません。みんなの前で、個性を見せて自分なりの意見を言って、それを周りから否定されたらつらいじゃないですか。自分の全人格が否定されたようなショックを受ける。

だからどうするかっていうと、子どもたちは本当の自分ではなく、代わりの何かに扮《ふん》するのです。最近はそれを〝キャラ〟と呼ぶ人もいますが、何かしらのキャラを演じるようになるのです。

たとえば、教室で何かのキャラに扮していたとしますよね。もし周りの人から馬鹿にされても、それは**キャラが否定されただけで、自分がそうされたわけではない**と考えられ、気持ち的に楽になるらしいのです」

子どもたちのキャラ化現象は、２００９年に筑波大学の土井隆義教授が『キャラ化する／される子どもたち』（岩波ブックレット）で指摘している。先の先生によれば、あれから15年ほどが経ち、キャラのバリエーションが膨らんでいるという。

彼らが口にするキャラとしては、「陽キャ」「陰キャ」「キモキャラ」「天然キャラ」「いじられキャラ」「キラキラキャラ」「突っ込みキャラ」「真面目キャラ」「姉御キャラ」「癒しキャラ」などがある。

最近の子どもたちはキャラに合わせてあだ名を作るらしい。たとえば、「陰キャ」の子が日高太陽という名前だとちぐはぐな感じがする。そこで、みんなで話し合って「ゾゾ男」みたいなあだ名を決めるのだ。

このようにして、子どもたちは教室でそれぞれのキャラに扮して過ごす。陽キャはどこまでも陽キャに徹し、いじられキャラはどこまでもいじられキャラに徹する。

そこで多少傷つくことを言われても、これはゲームのようなものなのだと思えるので、痛みを緩和することができる。そしてどこかでうまくいかなくなれば、〝キャラ変（キャラを変える）〟して別のキャラに変身すればいい。

少し前に、この先生が担任していた小学6年のクラスでは、子どもたちがアニメのキャラに自分たちを投影し、お互いをそのキャラの名前で呼び合いながら、演技をするように接していたという。

ポケモンは僕らの鎧

小学6年の中盤に差しかかった頃、先生は廊下で数人の男の子がD君をからかっているのを目撃した。

D君は肥満体型で、教室では『ポケットモンスター』の太ったキャラの「カビゴン」というあだ名を名乗っていた。いつも食べるか寝るかしている癒しキャラだ。この時、男の子たちは、D君にカビゴンの真似事をさせて笑っていた。

先生は見かねて、その子たちを呼んで注意した。

「寄ってたかって意地悪なことを言ったら、いじめになるよ。絶対にそういうことしちゃダメ。いいね?」

子どもたちは一様に不服そうな表情をしていた。何か言いたいことがあるのかと尋ねると、ある子が答えた。

「別に俺たち意地悪なんてしてません。カビゴンだからカビゴンと言ってただけです」

他の子たちもうなずいた。先生は毅然として言った。

「D君はカビゴンじゃないでしょ。D君はD君です。彼の気持ちを考えてあげて」

すると、D君が言った。

「先生、もういいです。僕、カビゴンって嫌じゃないし、普通に遊んでいただけだから」

「そんなキャラを演じなくていいの。みんなもカビゴンなんて呼ばないで、D君をちゃんとD君と呼んでちゃんと付き合おうよ。わかったね。これからクラスでは変なあだ名で呼ばないこと」

子どもたちは面倒臭そうに「うん」と言って去っていった。

しかし先生の意に反して、翌日からD君は学校を少しずつ休みがちになった。何がいけなかったのか。

後日、先生はD君を呼んで事情を尋ねた。D君は答えた。

「僕、先生にカビゴンをやめろって言われてから、みんなの前でどう振る舞っていいかわかりません。みんなと付き合う自信がないんです」

おそらくこのD君はカビゴンのキャラを演じることで、からかわれても「カビゴンが馬鹿にされているだけ」と考え、なんとか他の子とつながっていたのだろう。

彼にとってキャラは〝心を守る鎧《よろい》〟のようなものだった。しかし、先生から教室でそれを禁じられたことで、クラスメイトとの接し方がわからなくなり、学校を休むようになったのだ。

世の中には「ありのままに」とか「本来の自分で」という言葉がもっともらしく飛び交っているが、教室ではそれと反対の現象が起きているのである。

6　受験戦争の兵士たちのバトル

受験組VS非受験組

主に首都圏の小学生の間で、「第3次中学受験ブーム」と呼ばれる現象が起きている。

首都圏模試センターの分析では、小学生の4・7人に1人が中学受験を選択している（202

4年）。ただ、私立の中高一貫校が多い都心の公立小学校では、クラスの6～8割が中学受験をするのが珍しくなくなっている。

前提として、子どもが学力を高めたいと自らの意思で考え、受験勉強に取り組むことは歓迎すべきことだ。

私が子どもだった時代と比べると、小学生は全体的に勤勉になっているように感じるし、英会話や外国文化の理解など国際感覚が飛躍的に伸びている気がする。こうしたことは学校教育や受験勉強の賜物だろう。ただ、先生方は受験ブームが熱を帯びれば帯びるほど、クラスの空気や人間関係の歪みが大きくなりつつあると指摘する。

先生（40代男性）の言葉を紹介しよう。都心の公立小学校に勤務している方だ。

「うちの学校ではクラスの7割の児童が受験をするので、受験組が多数派になって、非受験組が少数派になります。そうなると、クラスでの児童同士の話題も、授業の進め方も、日常生活もすべてが受験組に合わせたものになるため、非受験組が肩身の狭い思いをしたり、取り残されたりするといった現象が起こるのです」

現在の受験勉強は、一般的に小学3年生の冬からスタートする。週に何度か塾へ通い、夏休み、冬休み、春休みには講習や合宿に参加し、できるだけ早く小学校の勉強を終え、志望校別の入試対策に集中する。親も多額の月謝を払い、塾の送り迎えから宿題のチェック、学校見学などに付き添う。

そんな受験生たちの間では次のようなことが起こるという。

・子どもたちが自分のレベルを「通っている進学塾の名前」「進学塾のクラス」「志望校」でランク付けし合う。Aという有名塾に通っている子が、「あいつは地元のB塾だから」と見下したり、「俺はAクラスだけど、彼女はCクラスだ」と嘲ったりする。

・進学塾や親が子どもに勉強させるために「今がんばるかどうかが人生を大きく変えるぞ」「私立中学へ行けば、大学受験も含めて人生がすごく楽になるよ」といった言い方をする。子どもたちがそうした言葉をそのままクラスに持ち込み、受験をしない子に「おまえの人生はやばいぞ」「勉強できないとニートになるぞ」などと言う。

・親同士が子どもを塾の成績などで評価して「あの子はすごい」「あの子は落ち気味」といった話を家庭でもする。それを聞いた子どもが、同級生に対して同じ見方をする。

先生方が懸念しているのは、クラスで受験生が多数派になったことで、受験をしない子どもたちが不要なプレッシャーを感じたり、劣等感を膨らませたりする点だ。

先の先生の言葉だ。

「受験生がクラスの半数近くになった頃から、**受験をしない子たちの自己肯定感が下がっていく**のを肌で感じるようになりました。最近は小5になれば、休み時間の会話は受験の話題ばかりになります。クラスの7割の子が『うちの塾は小5の時点で小6までの勉強を全部終わらせたよ』とか『受験落ちて公立に行くことになったらマジ人生終わるよね』といったことを大声で話す。

　残りの受験をしない子たちはそれを聞いて、学校の勉強をやっても意味ないんだとか、公立中学へ行く自分は人生終わりなんだと考えるようになる。全体からすれば少数派なので反論しても通じないのです」

　私も都心の公立小学校で育ったが、40年近く前の学校では受験をするのは2割ほどだった（それでも多い方だったと思う）。クラスでは非受験組が主流だったので公立中学へ行くことには何の後ろめたさもなかったし、受験組は少数派であっても成績優秀者として多少なりとも優越感はあったろうから居心地の悪さは感じていなかったはずだ。

　だが、今は大都市を中心にその比率が大きく逆転している。このクラスでは非受験組が3割というが、そこには不登校児も含まれるため、実質的に登校しているのは2割くらいだろう。そう考えると、非受験組は完全にマイノリティーだ。

　この先生が5年の担任をしていた時の体験を教えてくれた。

　そのクラスでは、大半の子が受験をする予定だった。小学6年に近づくにつれ、休み時間も給食の時間も受験の話一色になっていった。これに伴って、受験をしない子たちが学校を休むようになった。

　先生が休んだ児童に話を聞くと、次のような意見があったという。

「僕は昔から絵を描くのが好きで、絵画教室にも通っている。学校で優秀作品に選ばれたこともある。でも、受験をする子から『絵がうまくても受験に役立たない』とか『絵なんてＡＩの方がうまいから』とか言われて全部嫌になった」

「うちは4人きょうだいで受験するお金がないでしょ。家でもドリルやるだけで、塾とか行ってないし。そしたら、ある子が私のことを『ボンビ（貧乏）』って言って、みんなも同じように言ってきた。クラスにいるのがつらいです」

勉強は、子どもによって得手不得手がある。小学生のうちは、得意な子が受験をすればいいし、他のことが得意な子は他のことをすればいい。しかし、クラスのほとんどが受験をするような状況になると、そう言っていられなくなるのだろう。

試験前の給食は腹八分目で

受験する子が多い小学校では、先生の学級経営にも様々な支障が出るという。

都内の別の先生（40代男性）は言う。

「受験生の保護者から様々な注文がつくことが多いです。昔からあったのは、授業のレベルを高めて受験用に切り替えてほしいというものですね。そうでなければ、休ませてくれとか、4時間目までで帰らせてほしいとか。10年くらい前までは、6年生の2学期くらいからそういうことを言ってくる親が出てくる印象がありましたが、最近は5年生、早いケースだと4年生の時点でそういう注文がつきます」

この先生の前任校で、先生方の対応を変える出来事があったそうだ。

ある日、保護者から受験勉強のために欠席している子どもを、出席扱いにしてほしいという訴えがあった。年配の校長はそれを認めず、こう説明した。

「学校は学力をつけるだけの場ではありません。他の子の学校に対する姿勢にも影響するので、きちんと出席してください」

保護者は逆上し、SNS上で学校や先生の実名を挙げて批判を行った。〈子どもを無意味に学校に縛り付けている〉〈学校は意味のないことばかりやらせて子どもの勉強の足を引っ張っているだけ〉といった内容だった。閲覧者からも賛同の声が多数寄せられた。

校長は批判を恐れて、受験生の親には柔軟な対応をすることにした。すると、受験生が次々と学校を休むようになり、小学6年の12月～1月には受験生が全員欠席する事態に発展した。出席率が2～3割では授業にならないので、自習がメインになり、学校行事は受験終了後に延期になったという。

先生は言う。

「受験をする家庭からは、勉強以外のことでもいろんな要望が寄せられます。最近あったのが、体育の授業をやらないでほしいというもの。子どもが疲れたら受験勉強に差し障りがあるし、骨折など大怪我をしたら一大事なので、走らせたり、球技をやらせたりするのは控えてくれというのです。親が直接学校に言ってこなくても、親からそう言われた子どもが体育を欠席するケースもあります」

他の先生方の話では、これに類する保護者からの要望として、次のようなものが寄せられたそうだ。

・受験生は1分1秒を惜しんで勉強している。1日も無駄にできない。だから、学校の移動教室や修学旅行は泊りがけでなく、日帰りにしてほしい。
・音楽や総合的な学習の授業など受験に関係ない時間は、受験生だけ自習にしてもらいたい。
・受験前は健康管理をしたいから、給食ではなく持参した弁当を食べるのを認めてくれ。
・給食に、頭が良くなると言われている「ナッツ」「ブルーベリー」「バナナ」をたくさん入れてほしい。
・不登校児のために別室登校用の教室が用意されているのだから、受験生にも〝受験生用自習室〟を用意してもらいたい。
・受験前は病気に感染させたくないから、全校児童にインフルエンザや新型コロナの予防接種を受けさせてほしい。

私が訪れたある小学校では、6年生になると、給食の残飯が急に増えるという話を聞いた。6年生といえば、食べ盛り。なぜなのか。

答えは、塾や親から「満腹にすると眠くなるからダメ」「勉強するには腹八分目がちょうどいい」と言われている子が多く、出された食事を残すことが癖になっているのだとか。特に受験直前の1月はクラスの半数以上が勉強や感染症予防のために欠席するので、見るに堪えないほどの残飯が出るらしい。

この学校の先生は、「受験生はみんな（試験によく出る）フードロス問題には詳しいはずなんですけどね」と苦笑いしていた。

ドロップアウト組の行く末は

教室でここまで受験競争が激しくなると、受験組みんなが重圧に耐えられるわけではない。中には受験を断念する子も出てくる。

先生方が挙げていた二つのパターンを紹介したい。

一つ目として、小学4～5年生の段階で現れるのが、「成績が上がらずに受験を諦める子」だ。子どもは自分の夢を追ったり、親の期待を背負ったりして、一心不乱に勉強をしている。だが、その努力が必ずしも実を結ぶとは限らない。

学力は遺伝が及ぼす影響が小さくないが、かといって高学歴の親を持つ子がみんな高学歴になるわけではない。慶應義塾大学の安藤寿康《じゅこう》名誉教授は『教育は遺伝に勝てるか？』（朝日新書）でその確率を示した研究を紹介している。

学業成績の遺伝率

小学生＝25％～55％
中学生＝14％～40％

安藤名誉教授によれば、遺伝なのに年齢で差が出るのは、小学生より中学生の方が環境の影響を受けやすいためだという。

教室で受験組が激しい競争をくり広げる中、自分の成績が上がらないのは大きな苦痛だろう。ライバルにどんどん引き離され、自分が見下される気持ちになる。

努力をしても意味がない。もうなにをやっても勝てないんだ。そんなふうに考えると、気力が減退していく。そして親と話し合い、泣く泣く受験から撤退するのである。

二つ目として挙げられるのが、「受験勉強の心労から心を病んでしまう子」だ。

小学6年生の中頃まで受験勉強をした子は、成績が伸び悩んでも諦めずに最後まで挑戦するらしい。今さらやめられないというのもあるのだろう。

こういう子どもたちが陥るのが「受験うつ」だ。受験のプレッシャー、勉強疲れ、がんばらなくてはという緊張感が、うつ病のような症状を起こし、ある日突然体調を崩し、ひどい場合はベッドから起き上がれなくなる。

大人のうつ病と違って、子どものうつ病は表面化しづらい。大人ならば自覚して、自分から病院へ行くことがあるが、子どもは、「眠れない」「頭が痛い」などと症状を訴えるだけだ。親もまさかうつ病だとは思わない。そのため、病気は悪化していく。

受験熱が沸騰する教室では、学力不振にせよ、受験うつにせよ、受験をやめた時点で〝ドロップアウト組〟として認識されるらしい。親の間で「あの子塾をやめたらしいよ」「受験も諦めたみたい」という話が伝わり、子どもたちにも広がっていく。

学校の先生方によれば、非受験組より、ドロップアウト組の方が教室で肩身の狭い思いをするという。先生（関東、30代男性）は言う。

「かわいそうなのは、小6で受験をやめる子ですね。そういう子って、何年も前から他の習い事をやめて受験一本できていることが多いんです。同級生と遊ぶこともしてこなかったので、**受験という柱がなくなると、空っぽになってしまったかのように何をしていいかわからなくなる。**受験組とは付き合えないし、かといって非受験組と今さら仲良くしづらい。そうやって学校に来なくなる子もいるのです」

人生は長いのだから、これをステップにしてがんばればいいのにと思う。だが、あまりに早いうちから受験一本に絞って生活していれば、なかなかそうは考えられないのだろう。

7　子どもが不登校になりました

小中学校の不登校30万人

現在の小学校の最大の課題は、何と言っても不登校だろう。

小中学校で不登校が急増していることはくり返しニュースになってきた。2023年の文科省の発表では、小学校と中学校でその数は約30万人となっている。図4を見れば、コロナ禍の影響もあって、ここ数年の増加が著しいことがわかる。

文科省のいう不登校とは、「年間30日以上の欠席」だ。割合としては、小学生の59人に1人、中学生の17人に1人に当たる。

これでも驚くような数だが、実態はさらに悪い。学校の出席日数には、ちょっとしたトリックがあるのだ。

大方の人にとって「出席」とは、教室の席に座って授業を聞くイメージだろう。辞書にも「会合や学校の授業などに出ること」と書かれている。だが、実態は変わりつつある。

たとえば、全国にはフリースクールなど不登校児が通う民間の施設があるが、自治体から認定を受けたところへ行けば、学校に出席したのと同じ扱いになる。また、教室へ入らなくても、校長室や保健室に数分だけ顔を出せば、出席扱いにしてもらえる。

さらに、病院でうつ病など精神疾患と診断されれば、「病欠」とされて不登校とは別扱いになる。学校によっては、不登校の数を減らすために、積極的に病院での受診を勧めているといわれているくらいだ。

こうした対処は、不登校の当事者にとっては悪いことではない。

不登校の子どもは、学校へ行けていないことに大きな負い目を感じている。「学校へも行けてないから」と卑屈になり、日中どころか夕方以降も外出したがらない子もいる。

そういう子たちにしてみれば、1日20分、近所のフリースクールへお弁当を食べに行くだけでも出席扱いにしてもらえるなら、ストレスはいくぶん軽減されるだろう。そしてそれが回復への一歩にもなる。

とはいえ、これによって不登校約30万人という数字が、実態に即さなくなっているのは事実だ。

本当のところ、〝不登校予備軍〟も含めて、どれくらいの数に上るのか。

図4　小中学校における不登校児童生徒数の増加

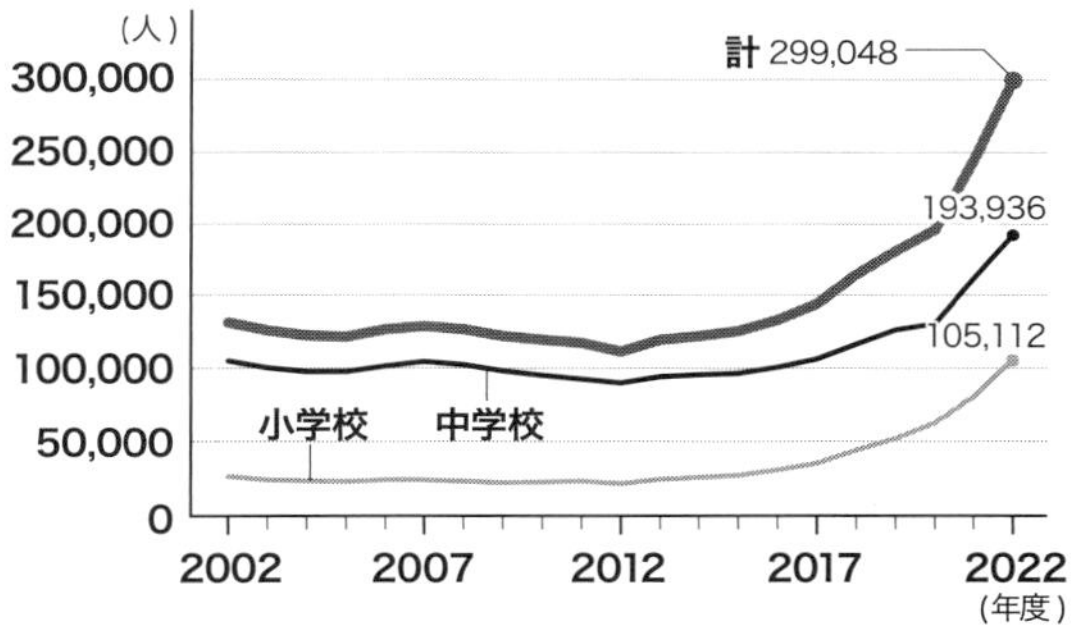

出典：文部科学省「児童生徒の問題行動・不登校等生徒指導上の諸課題に関する調査」2022年度

先生方の肌感覚では、現実的な不登校は統計の倍以上だ。地域、学校、クラスによって差はあるものの、**児童生徒の1〜1・5割、多いところで2割くらいが実質的な不登校**というのが大半の意見である。

実際に小学校や中学校の教室をのぞくと、35人学級で4、5人が休んでいるというのは珍しいことではない。

学校を休んでいるのは、どういう子なのか。私が取材で出会った男の子を紹介しよう。

真夏に少年がコートを着る理由

この小学5年の男の子は元気が取り柄で、成績は普通、スポーツは良くできた。友達もそこそこいたそうだ。

1学期まで無遅刻無欠席で通学し、夏休みは少年サッカーの練習でよく学校へも来ていたらしい。しかし、2学期開始の3日前から、朝起きられなくなり、昼過ぎに布団から出てきても「お腹が痛い」とか「めまいがする」と言ってずっとソファーに横になって、学校へも行けなくなった。

3学期に入っても症状が改善しなかったので、病院で精密検査を受けたが、悪いところは見つからなかった。医師から下されたのは、「精神的なものでしょう」という診断。そのまま、家にひきこもることになった。

私が会った時、1年近くが過ぎて小学6年生になっていた。6月の終わりから週に2、3回、昼休みだけ校長室へ行き、給食を取っているという。その日は7月の暑い盛りだったにもかかわらず、彼は冬用の黒いコートを着て、マスクをつけ、長ズボンをはいていた。

彼は言った。

「教室にはまだ行けてない。近くに行くと息ができなくなる。たぶん、教室に入ったら本当に息ができなくなって、お腹ものすごく痛くなると思う。それが怖い」

なぜ夏なのにコートを着ているのか。

「寒いから。なんでか知らないけど、外に出ると寒くなる」

彼はそう言ってコートのフードを被ってしまった。

7月の夏日に、寒いわけがない。私の脳裏に過《よぎ》ったのは、知人の精神科医の言葉だった。「不安の大きな子ほどマスクや帽子で顔を隠したがる」というものだ。きっとこの子もまた、不安の中でコートやマスクによって〝自己防御〟しようとしているのだろう。

同席した先生（関東、50代男性）はこう話した。

「昔は気弱な子が徐々に学校を休みがちになるケースが大半でした。今もそういう子はいるのですが、これまで普通に学校生活を送っていた子が、ある日突然学校を休み、そのまま来られなくなるケースが増えています。唐突に心の扉を閉めて、頑として出てこなくなるといった印象です」

教室での様々なマウント合戦がアツとなって伸《の》し掛り、ある日コップの水があふれるように、子どもたちは限界に達して学校に来られなくなるのかもしれない。

今や保健室は予約制

最近は、教室内のギスギスした人間関係を緩和するために、年に1回のペースでクラス替えが行われたり、毎月のように席替えが行われたりしているが、アツの解消には至らないようだ。

多くの学校では、教室のアツに耐えられなくなった子のために、「別室登校用の教室」を設置している。カウンセリングルームや図書室などが使われる場合もあるが、対象となる子が多数に上る場合は、使用していない教室を別室登校用の教室として開放する。

このような教室では、副校長、授業のない先生、スクールカウンセラー（スクールソーシャルワーカー）などが手分けして対応に当たる。子どもたちはそこで自習をしたり、本を読んだりして過ごす。

今まで私が目にした別室の中でも大規模だったのは、低学年、中学年、高学年に各一つずつ専用の教室が用意されており、それぞれに十数名の子が集まっていた。さらに特別支援学級とは別に、軽度の発達障害の子専用の教室も用意されていた。こうなると、別室という規模ではない。

心のケアを求める子どもたちが向かうのが保健室だ。養護教諭（東海、30代女性）は言う。彼女は小学校と中学校で勤務した経験がある。

「教室の空気に耐えられない子は、不登校になる前に保健室にやってくることが結構あります。大体、『頭が痛い』とか『お腹が痛い』と言いますね。

でも、よく聞くと、学校へ行こうとすると頭が痛くなるとか、教室に1時間以上いるとお腹が痛くなるとか言う。これは病気による頭痛や腹痛ではなく、明らかにメンタルからくるものです。うつ病になった大人が、出勤時にそうした症状が現れるのと同じです。

中学生になると、気持ちをもう少し言語化できるので、教室から逃げるように保健室にやってきて『もうムリ』『もう限界』なんて言います。心が壊れる前に、自分で危機を察して避難してくるのです。

私は原因を解明しなければならないので、『何かあった？』『何が限界なの？』と尋ねます。しかし、小学生でも中学生でもきちんと答えられる子はまずいませんね。小学生は基本的にはゼロ、中学生でも3人に1人くらいです。彼らは漠然と教室がつらいと考えているだけで、何が原因で、どうしたいのかを理解できていないのです」

私の経験からも同じことが言える。これまで沖縄から東北まで十数カ所のフリースクールを取材した経験があるが、不登校になった原因を尋ねた時、大半の子どもたちが共通して発する言葉がある。「**わかんない**」だ。

教室のアツは、複数の問題が絡み合ってできている。彼らはそれを一つひとつ解《ほど》いて言語化して考えることをせず、「とにかくアツがヤバい」と捉える。そして息苦しさがある一定レベルに達した時、そこから逃げ出すので、自分が教室にいられない理由を把握できていないのだ。

養護教諭はつづける。

「子どもたちが教室にいられない原因を答えられないと、正直こちらとしては打つ手がなくなります。誰々にいじめられているとか、勉強についていけないとか言ってくれれば、それを改善すればいい。でも、**本人たちに『わからない』と言われてしまうと、何もできません。**とりあえず、気持ちが落ちついて学校に行けるようになるまでゆっくりしなさいとしか言いようがないのです。

現在は国の指針もあって、不登校の子には説得より見守りが必要だとされています。その子の心が回復し、登校する気になるまで待つのが良いということです。でも、見守りだけで自然に回復する子は多くありません。現場の感覚でいえば、見守りは最善の策というより、解決策がないがゆえの消去法での選択肢ともいえるのです」

この養護教諭が勤める学校では、コロナ禍で不登校の子が3倍近く増えたという。人とのかかわり方がわからなくなったり、それでもなんとか踏ん張っていたりしたところに、コロナ禍で学校を休むことのハードルが低くなったためだそうだ。

これに伴って保健室へも大勢の子たちが押し寄せるようになった。現在、保健室ではあまりにたくさんの子がくるので、1人当たりの利用時間を厳格に定めているところも少なくない。以前は1人当たり1時間とか45分が多かったが、20分とか15分とかかなり小刻みに設定しているところもある。

保健室利用者が急増した学校では、〝予約制〟の導入まで行われているという。1人当たりの利用時間が20分と決められ、当日の朝までに本人か保護者が連絡をして何時から何時まで利用するかを予約する。そしてそこで養護教諭に話を聞いてもらったり、ベッドに横になって休んだりするのだ。

その学校に勤める先生（関西、50代女性）はこう言っていた。

「保健室の予約が一杯になってしまう日もあります。これでは突発的な怪我をした子だとか、体調を崩した子の対応ができなくなるということで、本校ではもう一つ別に教室を用意して、授業のない先生が手伝いに行くことになりました」

先生方の奮闘には脱帽するが、もはや保健室だけでは手に負えない状況になっているのだ。

家族で遊びに行くので欠席します

不登校の子どもが増える中、毎年ゴールデンウイークや夏休みの終わりには、メディアが決まったようにこんな言葉を発信するのが定番になっている。

「学校に行きたくなければ行かなくていいんだよ」

新聞やテレビでは、有名な作家やタレントが、自分の不登校体験を語り、学校へ行かなかったことがどれだけ自分にとって良かったかを語る。

私も必ずしも学校へ行くべきだとは思っていない。本人が我慢できないと思うなら欠席するのは一つの選択であり、尊重されるべきことだ。

とはいえ、先生方の中には、世間の「学校へ行かなくていい」という声が、学校をサボることへの口実になったり、通える子まで通えなくなるきっかけになったりしているのではないかという声もある。

先生（九州、40代男性）の話だ。

「日本では以前から学校へ行くことの重要性が低下してきていますが、コロナ禍を経てそれが決定的になった気がします。小学校では『家族で遊びに行くので休みます』というのが当たり前になりました。連休前だとクラスに2、3人は出てきますね。

ちょっと前までは、せいぜい『海外旅行へ行くので休ませてください』だったのが、『親戚が遊びに来るので休みます』とか『週末の誕生日会の準備で休みます』となっています。遊びなら週末でいいじゃないかと思うのですが、週末は週末で親が〝ソロキャンプ〟や〝ママ飲み〟で忙しいそうです」

親の都合だけでなく、子どもが学校を休む理由もにわかに信じがたいものになっているという。今回の取材では、「成長痛で足が痛いから」「運動会の疲れが残っているから」「今日の給食が苦手だから」「掃除当番が嫌だから」「カラオケで喉が嗄《か》れたから」「ゲームをやりすぎて頭が痛いから」といった欠席理由が挙がった。

子どもたちの中で学校へ行くことの重要性が下がれば、それだけ学校を休むハードルは下がる。先生も子どもの「意思」を尊重しなければならないので、「それなら、来たくなったら来てください」と答えるしかない。かくして学校へ行く意義が薄れていく。

黙って何もしない方がいい

先生方が悩ましく感じているのは、こうした状況下での不登校の子に対する対応だ。

学校へ行くことを完全に拒否している子なら、気持ちが楽になるまで家でゆっくりすればいい。だが、不登校の子どもの中には、本心では行きたいのに、自分ではどうしていいかわからないという子もたくさんいる。

本来、こういう子には、周りの大人が手を差し伸べ、通学へのきっかけを作っていく必要がある。だが、学校へ行くことの意義が薄れれば、先生からそうしたアプローチをするのが難しくなる。

先の先生は言う。

「今の日本では、行きたくなければ行かなくていいという声が圧倒的で、無理やり行かせるのはパワハラという考えが主流になりました。教育委員会から下りてくる方針でも、本人が登校したくなるまで黙って待つことになっている。教員は本心では心配ですし、何かやってあげたいと思っている。でも、こちらがよかれと思って何かをすれば、『あの先生は無理やり学校に行かせようとしている』と言われるリスクがある。だから何もしない方が無難なのです。

これによって教員の負担は確かに減りましたが、不登校の解決策は保護者と本人に丸投げされることになりました。家庭で解決してくださいということです。しかし、子どもは一人ではどうすることもできないし、親が何かしようと思えばライフスタイルを大きく変えなければならない。これで家庭が壊れて離婚に至るケースも珍しくないんです」

「行かなくていい」は真実か

不登校の解決策が家庭に一任されれば、親が子どもと話し合ってその後の方針を決めていかなければならなくなる。

ここにおいて、親の対処法は大きく二つある。家で回復するまで待つか、フリースクールのような施設に通わせるかだ。

前者の場合は、心を病んだ子どもを家に独りにすることはできないので、親が傍で寄り添うことになる。共働き家庭の場合は、どちらか一方が仕事を休むか辞めるかしなければならなくなり、経済的、精神的な負担も小さくない。不登校が長引けば長引くほど、家庭全体にひずみが出る。

後者の場合は、その負担の一部をプロに委託することになる。だが、フリースクールに通うには月に数万円の月謝が必要だし、自力で通える子はほとんどいないので送り迎えが必要だ。

また、フリースクールによって運営方針や在籍する子どものタイプはかなり違う。学校の代わりに勉強を教えるところもあれば、一日中ゲームをやらせているだけのところもある。入ってみたら、通っている子どもの9割が発達障害といったこともある。その子に合ったフリースクールを見つけて、数カ月から数年通わせるのは容易なことではないのだ。

私が話を聞いた不登校児童の親（四国、40代女性）はこう語っていた。

「子どもが不登校になった途端、人生設計が音を立てて崩れていきました。キャリアを捨て、旅行にも行けなくなり、ローンの返済も見通しが立たなくなる。夫婦の意見がぶつかって仲が悪くなるだけでなく、きょうだいの関係も険悪になります。

それに不登校になった子のみんながみんな、その期間に特殊な能力を磨いて、芸人や漫画家になって大成するわけじゃない。成功者よりそうでない人の方がずっと多いのは誰にだってわかることです。それなのに『**行かなくていい**』とか『**子どもを信頼して見守ろう**』というのは、**関係ない人の無責任な発言**にしか聞こえません」

これが全国の不登校児の親を代表する声だと言うつもりはない。文科省の調査によれば、不登校経験者の高校進学率は、通信制や定時制高校も含めて85・1％という数字もある。

だが、一部の当事者の親がこのような気持ちで苦しんでいることは忘れてはならないだろう。

果たして学校は本当に「行かなくていい」ところなのだろうか。そう言い切る前に、学校や家庭には改善すべきことが山ほどあるのではないだろうか。

Ⅲ部　中学校で

をブロックしますか？
この友だちからメッセージを受信しなくなります。ブロックの解除は［設定］＞［友だち］＞［ブロックリスト］で行えます。
キャンセル
ブロック

1　スマホの常時接続という地獄

15歳までずっと変わらない人間関係

日本で少子化が進む中、公立の中学校ではある変化が起きつつある。小学校の人間関係がそのまま中学校に引き継がれる流れだ。

第2次ベビーブームの頃までは、近隣の3校くらいの小学生たちが1校の中学に進学することが珍しくなかった。マンモス校と呼ばれる中学では、生徒数が1000人以上になり、クラスの6～8割の子が初めて見る顔というのが普通だった。

こういう学校では、中学へ上がった時点で人間関係がシャッフルされるため、中にはそれを利用して、〝中学デビュー〟を果たす子もいた。

やがて子どもの数が減少する時代に入ると、小学校から順番に統廃合《とうはいごう》が行われていく。これによって小学校と中学校の子どもの顔ぶれがほとんど同じという現象が起こるようになった。2校の小学校が1校に統合されれば、中学に進学してもほぼ100％が同じメンバーだ。

国がこの状況を後押ししている側面もある。現在、国は学校の統廃合に当たって、小学校と中学校を一体化させようとしているのである。

小中学校の一体化にはいくつかの形態があり、2016年に新設されて全国で増えているのが「義務教育学校」だ。同じ校舎で小1から中3までが9学年（1年生〜9年生）として在籍するのだ。1人の校長の下で、授業時間、学校行事、生徒会、校則、部活動などが一本化される。

この他にも、同じ校舎を小学生と中学生が共有する「小中併設校」、小学校と中学校を隣接させて連携を図る「小中隣接校」も増加している。どちらも、基本的には小学校のメンバーがそのまま同じ中学校に進学する。

行政は、これについて「教育方針の統一」「教育費の削減」などのメリットを掲げているが、現場からは批判の声も上がっている。その一つが、人間関係の固定化なのだ。

先生（関東、30代男性）は言う。

「小学校と中学校で生徒の顔ぶれがほとんど変わらない場合、マンモス校ならともかく、そうでない学校では人間関係が非常に狭くなります。みんな小さな頃から知っている子たちばかりで、学年に2、3クラスしかなければ、クラス替えをしても半分から3分の1は同じメンバーです。そうなると、荒れている学年はずっと荒れつづけるとか、いじられている子はずっといじられるといったことが起こる。人間関係がうまくいけばいいのですが、**うまくいかないと、それが小中の9年間も継続してしまう**のです」

小学校での様々な不都合が、中学校にまで持ち越されるのだ。

これだけが原因というわけではないが、中学生の不登校者数は、129頁の図4からわかるように小学生と比べて格段に多い。今の子どもにとって中学生活はそれだけ難しいものになっている。

もっとも、〝中1ギャップ（中学に進学したばかりの子が小学校とのギャップに苦しむこと）〟という言葉があるように、中学生活は昔から簡単なものではなかった。

人間関係は思春期を迎えて複雑化するし、ほぼ全員が高校受験を目指して難易度の高い勉強に励む。家庭の経済格差、成長期による身体の変化、知能指数や運動神経が明確な差として現れるのもこの時期だ。

近年はそこにSNSというデジタルツールが加わってくる。先生によれば、SNSの使用が人間関係を大きく変えているという。

「今の生徒を見ていると、デジタルネイティブだからといって、お世辞にもそれを上手に使いこなせているわけではないと実感します。本人はうまく使っているつもりでも、実態は踊らされたり、翻弄されたりしている。〝既読スルー〟だとか〝LINEブロック〟だとかが話題になりますが、そうしたことによって生徒たちの関係性が逆に窮屈で刺々《とげとげ》しいものになっているのです。SNSは生徒の生きづらさを助長しているのではないかと日々感じています」

本来、ネットは人間の生活を便利にするものだろう。だが、使い方如何で、人間関係を必要以上に濃密にすることもあれば、逆に希薄にすることもある。

デジタルネイティブが、デジタルにかき回されるとはどのようなことなのか。

クラスメイトと常時接続

中学1年生がスマホを所有する割合は80％に達する。彼らはスマホで何をしているのか。

こども家庭庁の「令和5年度青少年のインターネット利用環境実態調査報告書」によれば、1位「動画を見る」（88％）、2位「投稿やメッセージ交換をする」（84・9％）、3位「検索する」（83％）だ。つまりスマホを見ている時間の大部分は、動画、SNS、検索に費やされているのである。

LINEにせよ、X（旧ツイッター）にせよ、インスタ（Instagram）にせよ、SNSは人と人をつなげるものだ。上手に使えば、それは日々生活していく上での武器となる。

だが、SNSでの関係が、反対に子どもを苦しめることもある。先生（関西、40代女性）の話だ。

「今の生徒を見ていてしんどいだろうなと思うのは、学校が終わっても深夜までずっとSNSで友達とつながっているため、**学校の人間関係から解き放たれる時間がほとんどない**ことです。授業が終わって家に帰ってスマホを見たら、数分前に別れたはずの友達からもうSNSでメッセージや写真が届いている。夕飯の時間も、勉強の時間も、お風呂の時間もそう。これが寝るまで、いや寝ている時間帯もつづくのです」

子どもたちが家に帰った後も、ずっとSNSで友達とやり取りしているという話はよく聞く。少し前までは文字メッセージのやり取りだけだったものが、近頃はビデオ通話が多用されるようになった。

よく見られるのが、定期テストなどの試験勉強中だ。この期間は学校の授業が短縮されたり、部活動がなくなったりするため、子どもたちは早く帰宅してテスト勉強に勤《いそ》しむ。

スマホがない時代、彼らは寂しさを感じれば友達にメールを送ったり、図書館やファストフード店で一緒に勉強をしたりしていた。

最近は、中学生がスマホを手にしたことで、ＬＩＮＥのビデオ通話などでつながるようになっている。友達数人とグループを作ってビデオ通話をしっぱなしにし、夕方から深夜までずっとオンラインでお互いが勉強する姿を確認し合っているのだ。

これが当たり前になってくると、今度は試験期間中だけでなく、毎日の生活の中でもビデオ通話が行われる。そこでは必ずしも会話をしたり、同じゲームをしたりしているわけではない。勉強机やベッドの脇にスマホを置いて、それぞれがタブレットで好きな動画を見たり、音楽を聴いたりしていることもある。時折、チラッと相手が何をしているかを確認して、また自分の世界に入り込むのだ。

ボッチは雑魚キャラで恥ずい

なぜそこまで友達とつながろうとするのか。

取材で出会った女子中学生に、この質問を投げかけてみた。彼女は友達とのＬＩＮＥのグループが複数あり、ほぼ毎日数時間にわたってビデオ通話をしているという。

彼女の言葉だ。

「話すこともないのになんでつながっているのかっていえば、たぶん、お互いに安心だからだと思う。スマホでいつでも相手の様子を見られる状態だったら、この子と私は友達なんだってわかるじゃないですか。逆に独りでいると、本当は嫌われてるんじゃないかとか、友達が別の人と何かやってるんじゃないかって、いろんなことが心配になっちゃう。スマホでお互いにいつでも顔見られるようにしておいて、安心したいんだと思うんです」

スマホがなかった時代は、放課後に友達が自分以外の誰と遊んでいるかとか、家で何をしているのかといったことを確認する方法がなかった。

だが、スマホを持つようになったことで、子どもたちは友達が何をしているのか常時確認できる状況になった。それゆえ、彼らの中に、常時接続していないと不安という心理が生まれたのではないか。ＳＮＳで束縛し合うことで安心感を得ているのだ。

子どもたちがお互いの状況を把握するために使うツールは、ビデオ通話以外にも様々だ。たとえばｗｈｏｏやＪａｇａｔといった位置情報共有アプリがそうだ。

これらのアプリには、子どもたちが各々のいる場所を瞬時に確認でき、チャットなどでメッセージを伝える機能がある。子どもたちはこれらをスマホにインストールすることで、〈おまえ、そこで何やってんだよ〉とメッセージを送ったり、交際相手や好きな異性の動向をドキドキしながら見守ったりする。これは、中高生の間でブームになっている。

ビデオ通話にせよ、位置情報共有アプリにせよ、子どもたちは常に誰かに監視される状態に嫌気がささないのだろうか。先の女子生徒は話す。

「あんまり気にしてないかな。もし（知られて）嫌な時があれば、電源オフとかにすればいいので。それより、みんながやってるのに、私だけやらないっていう方が嫌。なんかそれって、仲間外れになったみたいじゃないですか」

別の男子生徒は次のようにも話していた。

「みんながつながってるのに、自分だけそうじゃなかったら、〝ボッチ（独りぼっち）〟じゃん。そしたら雑魚キャラとか思われる。それは恥《は》ずい（恥ずかしい）でしょ」

本来、人にとって独りになることは必ずしも「孤独」を意味するものではないはずだ。むしろ、人は他者との関係が濃密になればなるほど、精神的に疲れてくる。そんな時は、集団から離れ、個人の時間を作ることによって心を回復させる。

だが、中学生らの意見に共通するのは、情報を共有しないことによって陥る**〝ボッチ〟への恐怖**である。独りぼっちになるくらいなら、常時接続の方がいいという心理なのだ。

安心と恐怖は紙一重

こうした子どもたちが人間関係を「しんどい」と思うのは、どういう瞬間なのだろうか。

先の先生は言う。

「私が教員の立場から見ていて、スマホを持つことが、生徒たちの生きづらさにつながっていると感じるのは、彼らが**学校でのトラブルをSNSの関係性の中に持ち込む**ところです。中学生は朝から夕方まで一緒にいるという意味で、人間関係のベースは学校でのそれになります。だからネットでしか付き合っていない友人とトラブルになることは少ないのですが、学校でのいざこざが、放課後になってもSNSに場を移してつづくといったことはしょっちゅうです。

昔なら、学校で何かミスをして友達に笑われても、学校が終わって家に帰ればその状況から脱することができましたよね。いじめなんかもそうでした。しかし、今はそれが違ってきた。学校で笑われたら、放課後もSNSの中で同じ話を蒸し返され、また笑われる。ひどい場合には、それが何日もつづくのです」

先日も、この先生が担任をしているクラスでそんなトラブルがあったそうだ。

E美という女子生徒が、学年で指折りのイケメン男子の家から出てきた。同級生に目撃されたことで、翌日にそれが話題になった。

昼休み、数人の子がE美を取り囲み、彼の家から出てきたという噂は本当なのかと尋ねた。E美はそれを認めた上で、説明した。

「私と彼は保育園が同じで、親同士がすごく仲が良いの。昨日の夜は、彼の親がうちの家族を食事に招待してくれたので、私は両親と一緒に行った。でも、親同士はずっとお酒飲んでいるし、私は彼と話すことがなかったから、先に帰っただけだよ」

普通であれば、これで一件落着となるだろう。

だが、家に帰った後も、SNSの中でこの件についての女子たちの意見が飛び交った。

〈親同士が仲いいからと言って家にまで行く必要ないと思う〉〈なんで私が彼のこと好きだって知ってて、家に行くの？　それって裏切りじゃない？〉〈あなた今度好きな男子に告白するって言ってたじゃん。それなのに別の男の家に行くってどうよ。それって浮気だよ〉……。

こうしたやり取りが深夜までつづいたのだ。E美はそのことに辟易《へきえき》したのだろう、翌日から数日にわたって学校に来なくなった。

先生の言葉である。

「生徒たちは学校で何か事を荒立てるようなことをすれば、放課後にSNSで悪口を言われたり、クラス以外の人たちに拡散されたりすることをわかっています。だから、学校での友達付き合いに大変慎重になっています。薄氷《はくひょう》を踏むようにビクビクしている。今の子どもはおとなしいなんて言われることがありますが、その原因として、子どもたちがSNSでの拡散や炎上を怖がっているということがあるのではないかと思っています」

SNSでつながることによって、子どもたちはその場での対応だけでなく、放課後のSNS対応まで考えた上で行動しなければならなくなっているのである。

2 〝浮く〟ことへの恐怖症

恐怖の表彰式

ある中学校のエピソードを紹介したい。

放課後、学校の教室で文芸部の部員が数人集まっていた。すると、国語の先生が教室に入ってきて、ある女子生徒を呼んで言った。

「授業で書いた作文あったでしょ。あれ、県のコンクールに回されて佳作を取ったよ。おめでとう！」

国語の授業で書いた作文が受賞したのだ。教室にいた数人の部員が「すごーい」と盛り上がり、佳作をもらった女子生徒は破顔した。毎日コツコツと文章を書いてきた努力が実ったのだ。

先生は女子生徒を校長室へ連れて行き、受賞の報告をした。校長はわがことのように喜んで言った。

「今度の全校朝礼の時に発表して表彰しましょう！」

翌週、全校朝礼が開かれた。校長は表彰の用意をしていたのだが、女子生徒が無断欠席したため中止になった。

校長と先生は話し合って、せっかくなので次の全校朝礼で改めて表彰をしようと決めた。しかし、その日も、女子生徒は体調不良を理由に学校を欠席した。

数日後、女子生徒がおずおずと先生のもとにやってきて言った。

「全校朝礼での表彰、やっぱりやめてもらっていいですか」

先生は首を傾げた。最優秀賞ではなく、佳作というのが嫌なのだろうか。そう尋ねると、女子生徒は答えた。

「そういうわけじゃありません。佳作でも嬉しいんですけど、みんなの前で発表されて私だけ

〝浮く〟のが嫌なんです」

でも、文芸部の部員の前では喜んでいたのではないか。女子生徒は言った。

「文芸部の子ならいいんです。でも、みんなの前だと私だけちょっと違う人間って思われそうだから嫌なんです」

先生はそれを聞き、この子はみんなと同じでなければ不安なのだろうと思った。自分だけ異なることをすれば、目立ってしまう。そのことに恐怖のような感情を抱いているにちがいない。

優秀でいることが怖い

先生方が語る〝中学生像〟で意外に多かったのが、みんなの注目の的になるのを避けたがる子どもが多いということだった。初めて聞いた時は、「褒められ中毒」の小学生のことを聞いていたので腑に落ちなかった。

校長（東海、50代男性）は言う。

「生徒たちは良くも悪くも目立つことを嫌います。彼らの言葉でいえば、**〝浮く〟ことを恐れているの**です。生徒たちは均一でありたいと強く思っています。これは、同調性とも言い換えられるかもしれない。**みんなと同じことが安定であり、安心**なのです。そこから少しでもはみ出して〝浮く〟ことは怖くて耐えられないのです」

この話を聞いた時、他にも数人の先生が同席していた。彼らもまた、校長の言葉に首肯《しゅこう》した。

それは次のような時に感じるそうだ。

・クラス対抗リレーに足の速い子を選出すると、辞退を希望する子が数名出てくる。俊足であると見なされるのが憚《はばか》られるという。
・給食でおかわりをする子が減った。おかわりをすることで、「たくさん食べる人」と思われたくないらしい。
・普段の授業ではおとなしくても、文化祭や部活の時には張り切ってみんなを引っ張るといった子がいなくなった。
・髪型、服装、態度などで目立とうとする子が減った。みんなが同じような格好をする。
・先生に褒められると、今度はわざと叱られることをやって、〝平凡〟であろうとする。

こうした子どもたちの言動は、周りの目を気にして自分を平均化しようとするものだ。普通の枠組みから頭一つ飛び抜けるのが不安なのだろう。

この話を聞いて頭に浮かんだのが、『先生、どうか皆《みんな》の前でほめないで下さい』（東洋経済新報社）だ。

著者である金沢大学の金間《かなま》大介教授は、大学生や20代前半の若者の特徴として、同調圧力を敏感に感じ、褒められるようなことであっても、とにかく目立つことを避ける傾向にあると指摘する。だが、学校の先生方の話を聞く限り、中学生以下の世代の方がより顕著なのかもしれない。

とはいえ、子どもたちの中から自己顕示欲が消え失せたわけではないらしい。表出の仕方が違ってきているだけなのだという。

校長は話す。

「生徒たちから承認欲求がなくなったとは思いません。むしろ、個々の承認欲求は昔より高まっているようにすら思う。でも、今の子はみんなに認めてもらいたいというより、**ごく一部の仲間内だけにわかってもらえればいい**と思う傾向にあります。

たとえば、クラスみんなの前では褒められたくなくても、教員や1、2人の仲の良い友達からは褒められたいと思っている。その証拠に、生徒がみんなの前ではなく、個人的に『先生、○○したんだよ。すごいでしょ』と言ってくることがよくあります。褒めてあげると、彼らは幼い子のように喜ぶ。でも、『みんなの前でそれを発表しようか』と提案すると、途端に表情を曇らせて『それは嫌だ』と答えます。わかってくれる人にだけわかってもらいたいというのが本音なのです」

学校やクラスという不特定多数の集団で目立つのは怖いが、自分に近しい人には認めてもらいたいと思っているのだ。

力を合わせて無競争社会

どうして子どもたちは〝浮く〟ことをそこまで避けたがるのか。校長は説明する。

「いろんな要因があると思いますが、学校のことに関していえば、ゆとり教育以降に競争を排除して、協調性を求めるようになったことも大きいのかなと思っています。それまでの学校は相対評価や偏差値に代表されるように競争を煽って突き抜けることを求めていたのですが、それをやめてみんなが平等に力を合わせてがんばっていくことを求めるようになった。

平等が重視される中では、生徒たちも個性を押し隠して、目立つことを避けるようになります。それが〝浮く〟という言葉を生み出したのではないでしょうか。今の生徒たちにとって目立つというのは、周りから疎ましがられるリスクでしかないのでしょう」

狭義のゆとり教育は、2000年代からはじまったものだ。それ以前の詰込み型教育による過度な競争を否定し、個性を尊重しつつ、主体的に学ぶ力をつけさせる方向へと転換した。それがかえって同調性を生んだというのだ。

前出の金間教授も先の著書でゆとり教育を要因の一つとして、次のように述べている。

「学校は『主体的な経験や体験を重視し、自ら学び考える力を養う。と同時に、他者と歩調を合わせ、力を合わせてともに課題を乗り越える』場所だ。これを学級運営の中で測定し、可視化せよ、というミッションが現場に課せられる。

もともと同学年のみの集団であるがゆえにわずかな違いも表出化しやすい環境の中で、個の主体的な行為を発揮することは、『皆で』『チームで』『一体感を持って』『家族のように』課題を乗り越えよう、という感情的な機運を乱し、出し抜くことになる。この集団的感情が『自らをいましめよ』『目立つ行為を控えよ』という同調圧力に転移される」

校長や金間教授がいう「協調性」「同調圧力」の背景にはこうしたことがあるのだろう。そして、学校教育におけるこの基本的な方向性は、ゆとり教育が終わった2010年代以降も引き継がれた。

私は、国が掲げる理念そのものは間違っていないと思う。だが、それが子どもたちに対する同調圧力となり、個性を喪失させているのだとしたら、国の目指す通りに進んでいるとは到底いえない。

先日も、そんなことを象徴するような出来事を、中学の美術の先生から聞かされた。

美術の授業で、その先生は自分が描いた体育館の風景画を見せてから、「学校内の好きなところへ行って絵を描いてきなさい」と伝えたそうだ。子どもたちは画用紙と画板を抱えて教室から出ていった。1時間後、帰ってきた子どもたちのほぼ全員が、体育館の絵を描いてきたという。

国が求めようと求めまいと、今の学校にはこうしたことを引き起こす素地があるのだ。

3　アフターコロナの新しい学校

コロナが同調圧力を高めている

学校にある同調圧力への懸念は、何年も前から指摘されていた。

ゆとり教育以降、学校の先生からは協調性を求められ、たくさんの校則で管理され、全員が一律に高校受験という目標を掲げさせられる。そうした中で子どもたちが同調圧力を感じるのは仕方のないことだ。

だが、多くの人たちが同調圧力を緩和すべきだと主張しているのに、ここにきてそれは一段と強まっているという。その一因がコロナ禍だそうだ。

校長（東海、50代男性）の話だ。

「学校に蔓延する**同調圧力は、コロナ禍によってますます高まった**ように思っています。コロナ禍前までは、学校も生徒の個性を見つけよう、それを発揮できる場を用意しよう、と思っていました。生徒もチャンスさえあればそこに飛び込んできた。

でも、コロナ禍でそれが一変した気がします。コロナ禍ではとにかく『〜するな』じゃないですか。生徒たちがやりたいと思うことを『感染予防』を理由にことごとく押さえ込み、全員にまったく同じ規律や正しい生活を求めました。それが3年間もつづいたことで、学校から生徒の個性を引き出そうという空気が薄れてしまい、生徒たちもそのトラウマのせいで意思を示さないようになったのだと思います」

学校の同調圧力が、コロナ禍を経て高まったという意見は他の先生からも聞いた。その言葉を三つ紹介したい。

人と違うのはリスクでしかない

コロナ禍では感染予防のために、いろんなことを規制してきました。みんなでマスクをつけましょう。みんなで均一に机を離しましょう。みんなで同じ方向を向いて黙って給食を食べましょう……。

クラスの誰かがそのルールを破れば、他の子が「あ、マスクしてない！」とか「私語禁止！」と注意していました。この圧力は生徒たちにとって脅威だったと思いますよ。

さらにいえば、子どもたちの自発的な行動も規則でことごとく禁じられてきた。夏休みに部活の自主練習をしたいとか、卒業式の後にみんなで集まりたいと思う子はたくさんいます。そこでしか得られない成長もあった。でも、当時はそういった活動すら禁じられました。それをしたければ、たくさんの大人たちの了解を取り付けた上で、いろんな制約を受けながらやるしかなかった。そんなの楽しいわけないですよね。

今の生徒たちは、個性を磨くべき年齢で、3年間もそれをさせてもらえなかったのです。規律に従って、枠からはみ出ることなく、粛々と生きていくことを強いられた。それこそが正しい振る舞いだった。

これでは、生徒たちが何でもかんでも他人と同じように振る舞った方が無難だと考えるのは仕方のないことです。みんなと違うことは、リスクでしかないわけですから。

コロナ禍が終わっても、子どもたちのそうした意識はなくなっていません。おそらくその習慣が身についてしまったのでしょう。だから、自由にしていいんだよ、と言われると、逆に戸惑ってしまうのです。（東北、30代女性）

学年ごとに分断された運動会

コロナ禍の感染予防対策で、学校のルールは大きく変わりましたよ。今まで休み時間は子どもたちが好きなところで好きに過ごしていたのに、このクラスは体育館、このクラスは屋上、このクラスは校庭のこのブロック、と居場所を決められるようになった。また、他のクラスへの自由な行き来も禁じられています。

運動会も午前中だけになって、学年ごとに行われるようになりました。9～10時は1年生、10～11時は2年生、11～12時は3年生と分けられた。そしてある学年が校庭で運動会をやっている時は、別の学年は見学もせず、教室にもどってクラスごとに通常の授業をする。

解せないのは、他の学年の授業に邪魔だっていうことで、ダンスや徒競走で流す音楽さえボリュームを極限まで下げることです。静かな中で踊ったり走ったりして、何が楽しいのかと思いますよ。

コロナ禍が終わっても、こうしたやり方はずっとつづいています。コロナ禍の時は感染症対策として行われていたことが、コロナ禍が終わった後も、子どもを管理する上で都合がいいとか、教員の負担が減るからといった理由で継続されているのです。

一部の校長や教育委員会は、「運動会の合理化」なんて言い方をして正当化しています。でも、生徒がそんなことを求めていると思いますか？　私には、子どものことを無視した、大人の勝手な言い分にしか聞こえません。

そもそも休み時間だって、運動会だって、筋力を鍛える場ではなく、非認知能力（学力や知能とは異なる共感力、探究心、実行力といった社会性に関する力）を育てるためのものでしょう。今の学校はそれを放棄したとしか思えない。

学校がこれをつづければ、生徒たちの人間関係は今以上に断ち切られます。隣のクラスの子たちと一緒に遊べない、先輩や後輩の運動会も見学できないんじゃ、クラスの中の人間関係がどんどん濃密になるだけじゃないですか。おそらく、この流れは止められないでしょう。(東海、50代男性)

全員が主役をやる演劇

新型コロナが直接の原因というわけじゃありませんけど、コロナ禍の後にいろんなものが刷新される中で、生徒に均一性を求めることがますます増えた気がしますね。

たとえば、昔は文化祭で演劇をやるって決まったら、セリフがたくさんある主役の子もいれば、一場面にだけ登場して一言しゃべってお役御免というような脇役の子もいたじゃないですか。だから主役になりたいという気持ちが湧いたり、逆に自分は裏方の方が合っていると気づいたりした。でも、今は全員に同じ時間だけ登場し、同じくらいの長さのセリフを与えようとしている。

運動会でもそう。徒競走とは別にクラス対抗リレーがあり、足の速い子が選ばれたけど、最近ではそれは差別だってことになって、リレーをなくすとか、足の遅い子がやる競技を別に用意するなどして平等を目指している。

小学校なんかもっとひどいですよ。順位を決めてはならないということで、徒競走では途中までしか全力で走らず、最後はみんなで手をつないで同時にゴールするなんてことをやらせているしね。それなら、フォークダンスをやらせた方がいいですよ。

授業も同じです。できる子だけにたくさん当てるのは、差別ということでNGになっています。できない子にも平等に当てなければならない。僕なんかにすれば、学習障害のような子にまで当てることの方が残酷な気もするんですけどね。

いずれにせよ、こうした傾向はコロナ禍前からあったんですけど、コロナ禍後の学校運営を見直していく中で、より増えたように思います。（関東、50代男性）

自分の長所と短所がわからない

こうした新たな学校の方針に対する評価は、人によって違うだろう。ただ、みんなと同じであれという同調圧力が増せば、〝浮く〟ことを恐れる子どもは必然的に増える。

そのような子どもたちにはある特徴が見られるらしい。先生（東海、40代女性）は言う。

「みんなの真似をしてきたとか、大人に言われたルールをきちんと守ってきたという生徒はたくさんいます。こういう子たちは、自分自身を隠そうとします。教員だけでなく、他の生徒にも本音を見せない。

私が心配しているのは、そういうことをつづけているうちに、本当の自分を見失ってしまう子が少なからずいるということです。本当の自分を隠すというのは、自分自身を見つめる機会をなくすことに他なりませんよね。そうなると、自分自身のことがよくわからなくなるのです」

自分がわからないとはどういうことだろうか。

「たとえば、生徒に『自分の思うことを言っていいんだよ』と言っても、10人中7、8人は首を傾げるだけで答えられません。自分と向き合っていないんです。象徴的なのは、彼らが**自分の長所も短所もわからない**ことです。得意なことや好きなことを聞かれても、『さあ、なんでしょう』って答えてくる。

もっとひどいのは、プリントを配って、自分の長所と短所を書いてくださいと言うじゃないですか。そうすると、仲の良い子が書いているのとまったく同じ内容を書いてくる子がたくさんいるんです。長所や短所まで友達と同じでいいのかって聞いたら、『たぶん同じだと思います』と答えていました」

どんなに〝普通〟に見える子でも、必ず個性や意思を持っているものだが、強い同調圧力の中ではそれを見失ってしまうのだろう。

4　消滅した友達グループ

グループの崩壊

教室に同調圧力があるとはいえ、子どもたちはクラスメイトみんなと親しくしているわけではない。むしろ、彼らは自分のことをわかってくれる少数の人とだけ仲良くする傾向にある。つまり、子どもたちのグループが小さく、同質性の高いものになっているのである。

先生方によれば、２０１０年頃までは、クラスの男女はそれぞれ4グループくらいに分かれていたという。

男子生徒なら、スポーツができる明るい子のグループ、オタクっぽい子のグループ、静かで勉強ができる子のグループ、反抗的な子のグループ。女子生徒ならクラスのアイドル的な子のグループ、地味で真面目な子のグループ、アニメ好きな子のグループ、ファッションや遊びに興味を持つ子のグループなどだ。

それぞれのグループに5〜6人が属していて、学校の中でも放課後でもだいたい同じようなメンバーでつるんでいた。

だが、今はグループの単位が2〜3人に縮小しているという。先生（関東、30代女性）は言う。

「クラスの中から友達グループという感覚がなくなりつつあるように思います。少し前まではオタクっぽい子たちが5〜6人のグループになって、みんなでAKB48だのNMB48だのSKE48だのといった話で盛り上がっていた。でも、今は違います。乃木坂46のファンでも、推しによってグループがバラバラになっているんです。その中ではほぼ特定の推しの話しかしません。なので、グループを形成するのではなく、趣味の合う子が2〜3人で固まっているような人間関係になっているのです」

これは私の経験からもわかる。

自治体が開設した若者の居場所カフェを訪れた時、同じ中学の子が2人ずつ別々のところでゲームをしていた。私が、みんなゲームが好きなら4人で遊べばいいのに、と言ったところ、こんな言葉が返ってきた。

「あいつらとは好きなゲームが違うから話が合わない」

それならあちらのゲームを教えてもらってはどうかと私は言った。答えはこうだった。

「興味ない。○○（ゲーム名）なんて意味不明だし」

ゲーム好きという括りでグループが存在するのではなく、何のソフトをやっているかで分かれているのだ。

気楽な個人競技がブーム

これは学校の部活動でも見られる現象だという。先生（関西、50代男性）は語る。

「教室でのグループが少数化しているとよく言われていますが、部活動なんかでもそうです。以前は野球、サッカー、バスケットボール、バレーボールなど団体競技が花形でした。チームで一丸となってがんばることがかっこいいとされていた。

最近は、団体競技より個人競技の人気が高まっています。たとえば卓球やバドミントンといった種目に部員が集まっているんです。いろんな理由があると思いますが、聞いてみると『1人でやれて気楽だから』とか『大勢が苦手だから』なんて答える生徒も結構な数います。**大勢の人と何かをすることに苦手意識があるよう**なのです。

部活の中で人間関係を広げることも減っています。部活では黙々と練習だけをやって、終わったらバラバラに帰っていくといったことが当たり前で、部活を中心に友人関係が広がることが減っている気がします」

先生は、個人競技をやる子は人付き合いが苦手だと言っているわけではない。人とかかわらないようにするために個人競技を選ぶ子どもが増えているのではないかということだ。もしそうなら、懸念する気持ちもわからないでもない。

ちなみに、日本中学校体育連盟の調査によれば、中学で部員が多い部活は、1位「バスケットボール」、2位「ソフトテニス」、3位「卓球」の順になっている（男女合計、2023年）。卓球人気はプロ選手の活躍等の影響が大きいと思うが、今や野球をおさえバスケやサッカーに次ぐ人気スポーツとなっているのは事実のようだ。

あまりに多過ぎるコンテンツ

どうして子どもたちのグループは小規模化したのだろう。理由としてすぐに思い浮かぶのが、選べるコンテンツの多さだ。

1990年代くらいまでは、テレビの数チャンネルと、人気の漫画雑誌を見ていれば、大体みんなと共通の会話ができた。野球選手にせよ、アイドルにせよ、映画にせよ、学校で話題に上るのは限られた数だった。

ところが、現在はコンテンツの数が世界レベルで途方もない数に増えている。一つの映像サブスクリプションだけでも、一生かけても見終えることができないほど選択肢がある。それが、アマゾンプライムビデオ、ネットフリックス、ユーチューブと乱立していることを考えれば、クラスのみんなが同じものを見るなど不可能だ。

つまり、全員が同じコンテンツに接していた時代が終焉《しゅうえん》を迎え、各々が異なるコンテンツに接したり、多様な趣味を持ったりする時代になったのである。

子どもたちが取り組むスポーツにおいても似たようなことがいえるかもしれない。

昔は『キャプテン翼』が流行ればサッカー人口が増え、『スラムダンク』が流行ればバスケットボール人口が増えた。ところが今は、いろんなコンテンツを通して、たくさんのスポーツの魅力を感じられるので、人気が分散していく。

1人にわかってもらえればいい

ただ、グループが小規模化する背景として、先生方の目には別の事情が映っているらしい。先生（関西、40代男性）は話す。

「生徒たちの人間関係がタコツボ化して狭く偏っているのは事実です。私が心配なのは、その理由です。生徒たちに、なぜ他の子たちと付き合わないのかと尋ねると、『どうせわかってもらえないから』とか『無理して付き合ってもウザいと思われるだけ』と答える子が意外に多い。自分のことをわかってくれない人とは付き合うつもりはないと端《はな》から決めつけているのです」

一体なぜ、そう考えるのだろう。

「今の子ってわかってもらって当たり前という発想なんです。だから、**自分を無条件で受け入**

れてくれる〝わかってくれる人〟とだけ付き合うといったスタンスが生まれる。

赤の他人同士がわかり合って親しくなるには、それなりのコミュニケーションが必要じゃないですか。いろんな誤解や失敗を重ねながら、だんだんとお互いを理解していくのが友達ですよね。でも、今の子はそんなにコミュニケーション能力が高くないし、他人とぶつかる気力もない。自ら仲直りできるような器用さもありません。だから、無理をして誰かとかかわって失敗するくらいなら、初めからまったく接しない方がいいと考えるのです」

子どもたちのコミュニケーション能力が不足していると指摘する先生は大勢いる。

コミュニケーションは、自分を他人に知ってもらったり、相手を理解したりして、新たな関係を築くために行うものだ。その力に乏しければ、何もせずに自分のことをわかってくれる人とだけ付き合いたいと思うのは必然だ。

さらに、先生は言う。

「こういう子は本当に仲のいい子でなければ、ちょっとしたコミュニケーションも取ろうとしません。たとえば、仲が良くなくても同じクラスの子に『体調が悪いから給食の盛り付けを減らして』とか『眩しいからカーテンを半分だけ閉めてもいい？』と言う場面ってありますよね。今の子は、グループが違うというだけで、そんな簡単なコミュニケーションすら取ろうとしないのです。彼らは教員に向かって『代わりに言って』と頼んでくる。

教員はなんでそこまでしなければならないのかって思いますよね。それで『君がそうしてほしいなら、自分から頼めばいいじゃないか』と言うと、大抵『絶対ムリ。先生が頼んで』という言葉が返ってくる。自分をわかってくれない人とは、徹底的に距離を置こうとするのです」

このタイプの子どもは、もしかしたらずっと親にあらゆることを代行してもらって生きてきたのかもしれない。他人とわかり合う努力をする以前に、かかわらなくて済む環境を用意されてきたということだ。しかし、中学生になれば、大人はそこまでやってくれない。

友達は演じるもの、フリでわかるもの

いくら子どもたちが「わかってくれる人とだけ付き合いたい」と思ったところで、自分から何もせずに、そうした関係性を手に入れることなどできるのだろうか。

人生の中で、気が合う人との出会いがあるのは確かだ。だが、それは大勢の人と能動的に付き合っている中で生じることであり、教室の片隅に座っているだけで何人もの理解者が寄ってくるものではない。

どうやって彼らはわかってくれる人と巡り会っているのか。先の先生は話す。

「子どもたちが2～3人の極めて小さなコミュニティーを形成しているとして、本当の意味で信頼関係が築けているかはわかりません。むしろ、僕にはできていないように見えるのです。彼らは、**わかり合えるフリをすることで、わかり合っている気になっている**んじゃないでしょうか」

子どもたちの会話を聞いていると、そのことを感じるらしい。

人と人とがわかり合って信頼関係を築くには、お互いのことを総合的に知る必要がある。長所も短所も含めて受け入れて初めて人間対人間の付き合いができる。

しかし、それが不得意な子たちは、休み時間にずっと一緒にいても、特定の推しやゲームの話しかしない。自分の内面すべてをさらけ出さず、一面だけを見せて、表面的な話題に終始しているのだ。

そうした子どもに限って、「あの子とは親友だよ」と答えるらしい。だが、先生からその友達の家族構成や志望校について聞かれると、言葉に詰まる。毎日一緒にいるのに、特定の話しかしていないので、プライベートの情報を知らないのだ。これなら、わかり合っているフリをしていると先生に思われても仕方がない。

また、先生（東海、30代女性）は、別の角度から人間関係の希薄さを指摘する。

「生徒たちの関係性で未だに理解しにくいことがあります。学校で仲良くしている子と、放課後にネットを通して仲良くしている子が違うんです。2人の女子が学校で絶えず一緒にいて楽しそうにしゃべっていたとしますよね。教員の目には、すごく仲が良いんだろうなと映ります。けど、よくよく聞いてみると、学校の外では一度も遊んだことがないし、ＬＩＮＥのＩＤすら知らないと言う。じゃあ、放課後はどうしているのかと聞くと、まったく別のタイプの子とＳＮＳでつながっていると答えるのです」

たとえば、学校では「腐女子（ボーイズラブ＝男性同士の恋愛小説や漫画のファン）」の子とずっといるのに、放課後になればギャル系の子とＳＮＳで格闘技選手の追っかけをやるというようなことだ。

多様なタイプの子と付き合うのは悪いことではないし、その子の受容度が高いことを示しているともいえる。ただし、そのような柔軟性があるのなら、なぜ学校内と放課後のＳＮＳで、厳格に関係を分けるのかという疑問も生じる。

先生は、こうした行動の裏には、一面だけで付き合うことへの限界があるのではないかと話した。

仮にこの女子生徒が腐女子で、同じ趣味の子と親しくしていたとしよう。両者ともその手の本や情報に詳しいので、表面上は話が合うし、話題が尽きることもない。だが、同じ話が放課後もつづくと、気疲れしてくる。

そのため、放課後はその友達とは一切付き合わず、連絡も取らない。代わりに、格闘技好きの自分として、今度は格闘技好きの別の子とＳＮＳで親しくする。どちらの付き合い方も一面的ではあるが、学校と放課後で切り分けができているので、息苦しさは多少緩和されるというわけだ。

先生のこの指摘が正しいのであれば、やはり人付き合いがトータルなものではなく、一面的なものに移っているのだろう。

5　多様性が凍っていく

友達とは何なのか？

童謡『一年生になったら』に、友達が100人できたらいいといった歌詞があるのを知っている人も多いだろう。学校は友達を作る場所であり、できるだけ多くの友達を持った方がいい。少なくとも私が子どもの頃は、そういうふうに言われていたと思う。

そもそも「友達」とは何なのだろう。

辞書によれば、お互いに心を許し合って対等に付き合う間柄とされている。先の童謡では、山へ行っておにぎりを食べたり、あちらこちらを駆け回ったり、笑い合ったりするような関係として歌われる。

だが、先生方によれば、最近は友達の定義が異なってきているらしい。**〝友達の細分化〟**ともいうべき現象が起きているのだ。

先生（関東、40代女性）は言う。

「今の子は、最初から『この子とはこういう関係』というのを決めて、それ以上もそれ以下も付き合わないことが目立ちます。たぶん、それは世の中で友達の意味合いが違ってきているからではないでしょうか。昔のような友達という大きな枠組みがなくなり、細かく切り分けられ、それぞれに名前と役割がつけられているのです」

先生が教えてくれたのが次のようなものだ。

・「食べ友」「メシフレ」

学食などで同じテーブルで食事をとる相手。あるいは、SNSに投稿する画像を撮るためにレストランへ共に出かける関係。

・「よっ友」

学校や町で出会った時に、「ヨッ」と挨拶をする関係。それ以上でもそれ以下でもなく、時には名前を知らないようなケースもある。

・「ネッ友」「オン友」

SNSやマッチングアプリで知り合った友達。リアルで会うことはない。

・「神友《しんゆう》」

子どもたちの間では「神ってる友」の意味で使われる。大親友の意味。

・「心友《しんゆう》」

心でつながっている友達の意味。お互いを理解している関係性をいうが、定期的に会わなくても一定程度の関係性を維持できる相手のことを示すこともある。

・「深友」

基本的には「心友」と同じだが、仲の良い親戚をそう呼ぶこともある。

・「新友」

少し前に仲良くなったばかりの相手。

タイパで友達を選ぶ

私の中学時代を振り返れば、クラスが変わるごとに5～6人の「友達」がいたように思う。全員が対等な関係だったわけではなく、その時々で親しみの度合が変わることもあったが、それでも区別せずにみんなを「友達」と思って付き合っていた。

その点、今は初めから関係性が細分化し、固定化しているので、子どもたちもそれぞれの相手と決まった付き合い方をする。食事は「食べ友」と食べて、放課後は「ネッ友」とLINEをし、休日には「心友」に会うというわけだ。

先の先生の言葉である。

「子どもたちは、『この友達はこの関係』といったふうに線引きをします。一旦そう決めたら、お互いの領分を侵そうとしない。どこまでもそういう関係なんです。何度か友達を分割する理由を尋ねたところ、『〝タイパ（タイムパフォーマンス）〟がいいから』という答えが返ってきました」

私が「タイパ」と聞いて思い浮かべたのは、現代社会で重視されている情報処理の能力だ。膨大な情報が入り乱れる世の中では、あらゆることを細かく分類して合理的に使いこなしていくことが求められている。それがタイムパフォーマンスにつながり、ひいては利益を生むとされている。もしかしたらこうした価値観の中で、子どもたちは自然と友達を分類して使い分けるようになったのかもしれない。

参考までに付け加えておけば、2023年にニフティが公表した調査では、「ネッ友」がいると答えたのは、小学生で55％、中学生で66％となった。11人以上のネッ友がいる子は40％に及ぶ。小学生はゲーム、中学生はSNSでつながることが多く、チャットやLINEなどでメッセージを交換し合っている。

親にとっては少々心配だが、実態はあまり知られていないようだ。ネッ友がいる子どもたちの中で、親にそのことを打ち明けたのは、わずか27％。ほとんどの子どもが親にはその存在を秘密にしているのである。

言葉が通じない子どもたち

教室における子どもたちの人間関係が小規模化し、特定の趣味などで維持されるようになると、グループ同士の関係性は薄らいでいく。それを象徴するのが、グループによって〝使用言語〟がかなり異なってきていることだそうだ。

先生（東北、30代男性）は話す。

「生徒たちと話していて感じるのは、グループごとに言葉が違う点です。日本語という意味では同じなんですよ。でも、ユーチューブといっても人によって閲覧しているチャンネルがまったく別なので、異なるボキャブラリーで会話をしているようなのです」

教室で、ある二人組がゲーム実況のユーチューバーの話をし、別の二人組が地下アイドルの話をしている。さらに別の二人組がアニメの声優の話をしている。これでは他者の言葉や話を理解できるわけがない。

コンテンツの少ない時代は、クラスの誰かが『クレヨンしんちゃん』のしゃべり方を真似したり、『北斗の拳』の「ひでぶ」とか「あべし」という台詞を言ったりすれば、アニメを見ていなくても理解できた。

しかし、今の教室では、それぞれのグループがタコツボ化された情報空間で生きているために、クラスみんなで何か一つを共有するのが難しくなっている。だから、初めから別のグループと距離を縮めようとか、わかり合おうという気持ちがないのだろう。

教室で起きているのは、そんな〝冷たい多様性〟なのだそうだ。仲が悪いわけではないし、拒絶しているわけでもない。彼らの中にあるのは、**他人はどうでもいいという冷やかな無関心**なのである。

先生方が、そのような無関心を感じる瞬間として挙げたのが次の例だ。

・クラスメイトの名前を覚えていない。名はもちろん、姓すら記憶していない。
・学年を終えるまでに、話したことのあるクラスメイトが片手でかぞえられる数しかいない。
・みんながバラバラなので、クラス全員を統率できるリーダーが存在しない。
・クラスメイトやその私物に触れた時、汚いものを触ったような反応を示す。
・グループが違う相手には、必要以上に丁寧な言葉遣いをする。
・親しくない子に対して「こわっ」「キモッ」と拒絶反応を示す。

クラスメイトに対する関心が皆無であれば、子どもたちがこうした態度を示すのは納得できる。

クラスメイトの意識が持てない

教室でグループによる分断が起きると、子どもたちはクラスメイトの意識を持てなくなる。

昔はグループが違っても、子どもたちには「クラスメイト」の意識があったように思う。だから、普段はあまり交わらなくても、行事の時はクラスみんなで一丸となって打ち込んだ。ところが、今は**クラス単位でまとまることを嫌がる傾向にあるらしい。**

先の先生は話す。

「子どもたちが自主的にクラスみんなで集まって何かをすることがなくなりましたね。かつては球技大会が近づいたら自ずとクラスごとに分かれて練習をするとか、文化祭でみんなが協力して自主映画を撮ったりしたものです。でも、クラスメイトの意識が薄まって、そういうことが減りました」

特にコロナ禍を経て、この空気が顕著になったという。それを物語るエピソードがある。

この先生の学校では、受験が一段落した後、放課後にクラスごとに卒業式の前祝いのようなパーティーをする伝統があったそうだ。お菓子を持ち寄って、ゲームをしたり、寄せ書きをしたり、連絡先を交換したりするのだ。

ここ2年ほどは、新型コロナの影響でパーティーは中止されていた。ただ、2023年になって感染拡大が落ちつきつつあるということで、校長から許可が下りた。

先生は喜び、クラスの子どもたちに「パーティーを復活させよう」と持ちかけた。すると、返ってきたのは「面倒くさい」「意味なくね?」「時間のムダ」といった否定的な言葉ばかりだった。

理由を聞くと、彼らは口々に「話すことない」「疲れるから」と答えた。

先生が驚いたのは、このクラスだけの現象ではなかったことだ。他の5クラスもすべて同様の反応だったのである。先生はそれを知り、やはりクラスメイトという意識が壊れているのだと感じずにいられなかったという。

一般論をいえば、無理をしてまで、気の合わないクラスメイトと放課後に集まる必要はないと思う。自分の時間は自分で好きなように使えばいい。

だが、それはあくまで本人が建設的にそれを選んだ場合の話だ。もし、他者への無関心によって人付き合いから逃げているのだとしたらいかがなものか。

みんなちがって、みんなどうでもいい

ある中学校へ行ったら、壁にこんな言葉が書かれた紙が貼られていた。

〈みんなちがって、みんないい〉

金子みすゞの『私と小鳥と鈴と』の一節だ。授業で学んだ「多文化共生」を象徴する言葉として掲示しているという。

だが、ここまで見てきた子どもたちの思考は、「**みんなちがうから、みんなのことはどうでもいい**」になりつつあるように思えてならない。

子どもたちに直にその気持ちを確かめたい。そう思った私は、ある有名大学の付属高校へ行き、子どもたちに直接そのことを投げかけてみた。中学生でなく、学力レベルの高い高校生に聞いたのは、彼らの方が上手に言語化してくれるのではないかと期待したからだ。

次がそのやり取りである。一対一の会話形式にしているが、その場にいた5人の子どもの総意としてまとめて書くことにする。


——学校で常時付き合う子って何人くらい？

「3人くらい」

——クラスメイトのうちフルネームを覚えていて漢字で書ける人って何人くらい？

「(40人中) 5、6人くらい？」

——学校と放課後とでは付き合う人が違う？

「結構違うかもしれない。学校と外ではやることが違うから」

——クラスで他のグループの人と付き合おうとは思わない？

「はい。一々疲れるんで」

——疲れるってどういうこと？

「自分とはまったく違うと、付き合ってて疲れますよね」

——相手のことが理解できないということ？

「別に理解したくもないです。嫌いとか、ダメだっていうわけじゃないですよ。ただ、生産性がないって感じです。逆に聞きたいんですけど、あえて違う人と付き合うメリットってあります？」

――自分の知らなかったことを知れるといったことかな。

「知りたいとは思わないです」

――なんで？

「得るものないし」

――クラスに多様な人たちがいることについてはどう思う？

「学校なんで違うタイプの人がいるのは仕方ないって割り切っています。嫌いとか、ダメとかは思わない。でも、違うから、かかわろうとは思わないです」


彼らは部活動にも熱心で、コミュニケーション能力も高い子たちだ。私のインタビューに応じたことからも人への許容度が高いのがわかる。それがこのような意見なのである。

こうした子どもの考え方を冷淡だと捉えるのか、ポジティブな意味での割り切りと捉えるのか、人それぞれだろう。

ただ、この姿勢は今の社会で大切だとされる多文化共生とはかけ離れているといわざるをえない。これを大人の社会に当てはめれば、同じマンションに外国人が住んでいたら、その違いを受け入れて共存するのではなく、「違うからどうでもいい」と突き放してかかわらないということだからだ。

6　いじめを自覚しない子どもたち

増加するいじめ件数

文科省が小中高校、特別支援学校を対象に行った調査では、2022年度の「いじめの認知件数」は、前年度から1割増えて、過去最多の68万件超になった。

現場の先生方も、いじめの増加は肌で感じているようだ。6頁で紹介した論文によれば、1998年には「いじめが広がっている」の設問に「そう思う」「ややそう思う」と答えた小学校の先生が7・9％だったが、2019年には17・7％と約10ポイントも上昇している。

国は1996年の文部大臣緊急アピール以降、特にいじめ対策に力を入れ、2013年にはいじめ防止対策推進法まで作った。これによって学校での啓発や対策も進んだ。それなのになぜ、いじめの認知件数は増加しているのか。

先生方に話を聞くと、昔と今とではいじめの形態がだいぶ異なっているらしい。先生（四国、50代男性）は語る。

「2000年代の半ばくらいまでは古典的ないじめが中心だったように思います。数人の男子が放課後にある子を呼び出して暴行するとか、女子生徒たちがトイレで1人の子を取り囲んで批判するとかいったことです。

今の生徒は、そんなわかりやすく、簡単に見つかるようなことはしません。その代わり、私たち教員が気づきにくかったり、いじめかどうかの線引きが難しかったりするトラブルを起こす。いじめが陰湿になったというより、**生徒同士の衝突が別の形に変わってきているんだと思います**」

いじめとは何だろう。いじめ防止対策推進法における定義は次の通りだ（第二条原文は「児童等」だが、第二条3項に従って「児童生徒」とする）。

児童生徒に対して、当該児童生徒が在籍する学校に在籍している等当該児童生徒と一定の人的関係にある他の児童生徒が行う心理的又は物理的な影響を与える行為（インターネットを通じて行われるものを含む。）であって、当該行為の対象となった児童生徒が心身の苦痛を感じているもの。

簡単に言い換えれば、直接的であれ、間接的であれ、ある子どもが他の子どもから何かをされ、その行為に心身の苦痛を感じたら、それは「いじめ」だということだ。

新型いじめ

２０００年代の前半くらいまでは、暴力、無視、しごき、私物の破損・隠蔽、罵倒といったものがいじめの中心的な行為だった。それ以降になって子どもたちのコミュニケーションツールがネットに移り、国や学校のいじめ対策が本格化すると、今度はＳＮＳへの悪口の書き込み、個人情報の掲載、ＬＩＮＥグループからの排除といった形に変容していった。

私自身、近年のいじめ事件を何件も取材したが、その形態はアメーバのように形を変えつづけている。

たとえば、昔はクラスみんなで1人の子どものミスをあざ笑うといったことがあった。授業中に鼻をほじっていた子を、放課後に取り囲んで「鼻クソ野郎」「ばい菌」などとからかったりするのだ。

今の子は直接的に相手の悪口を言ったりはしない。その代わり、別の形で嘲笑する。その一つが〝ステメいじめ〟だ。

ＬＩＮＥには、自分の近状や思いを短文で記すステメ（ステータスメッセージ）という欄がある。そこに、「鼻クソ食べたら人生やめます」とか「隣の席に鼻クソ星人！」などと書き、暗に特定の人物を馬鹿にしてほくそ笑むのである。ＬＩＮＥでつながっているクラスメイトは、それを見てせせら笑う。

また、子どもたちの間では〝ネット用語いじめ〟も頻発している。ネット用語で人を罵倒したり、悪口を書き込んだりするケースだ。

悪口に使われるネット用語はたくさんある。「なまぽ（生活保護）」「ガイジ（障害児）」「乙《オツ》（嫌味を含んだ「お疲れ様」）」「メシウマ（他人の不幸で飯がうまい）」「喪女《もじょ》（モテない女性）」「チー牛《ぎゅう》（気持ち悪いオタク）」「香ばしい（頭がおかしい）」などである。

子どもたちは、これらの用語を悪口の隠語として使用する。意味を知らない大人たちには気づかれにくいし、もし見つかって注意されても「悪口ではなく、ネットでみんな使っている言葉です」と言い訳がしやすい。私が以前取材したいじめ自殺事件では、これらの言葉が教室やSNSで日常的に飛び交っていた。

このようないじめは、加害者が被害者を意図してからかったり、傷つけたりすることを目的として行われるものだ。ツールや言葉は違えど、いじめが引き起こされる構造は昔と同じだ。

しかし、最近のいじめの中には、それとは別に、現代の子どもならではの**コミュニケーション不全からくる無自覚ないじめが多発している**という。事例を二つ紹介したい。

事実を書いただけなので私は無罪です

ある日、学校に中学2年生のF葉という女子生徒の保護者から電話がかかってきた。担任の先生が出ると、次のように言われた。

「うちの娘がクラスメイトに仲間外れにされたと話しています。学校で注意してください」

後日、先生はF葉を呼んで事情を聞いた。彼女によれば、同じクラスの仲の良かったG香とH菜と3人のLINEグループを作っていたのだが、他の2人が新たなグループを作って自分の悪口を言っているという。

なぜ、そんなことが起きたのか。きっかけは、F葉の恋愛だった。

半年前にG香が交際を断られた男子生徒が、F葉に告白し、付き合うことになった。それを知ったG香はF葉に「私への嫌味？」「そんなに見せびらかしたいの？」などと言いだし、H菜を味方につけて２人で新たなグループを作った。

その後、Ｇ香は、Ｆ葉が男子生徒と付き合っていることや、その前に彼女が付き合っていた男子生徒の情報を、クラスの他の子たちが見えるようにネットに書き込んだ。また、Ｆ葉の人間関係の相関図まで示した。

Ｆ葉は、このような情報をネットに暴露されるのは心外だったが、やめてくれと頼んでも、Ｇ香は聞く耳を持たない。それで親に相談し、学校に連絡がいったという。

よくある恋愛のいざこざだが、先生にしてみれば、親から訴えがあった以上、放っておくことはできない。先生はＧ香とＨ菜を呼び出して、言い分を聞くことにした。すると、Ｇ香は答えた。

「仲間外れになんかしてません！　だって、私にしてみたら、毎日ＬＩＮＥグループでＦ葉から彼氏の話を見せつけられることになったら嫌じゃないですか。それを見たくなかったから、グループを消して、新たにグループを作っただけです。それの何が悪いんですか」

先生は、気持ちはわからなくはないが、Ｆ葉の個人情報をネットで暴露するのはやりすぎだと伝えた。Ｇ香はそれにも反発した。

「私は別にＦ葉の悪口を書いたり、デマを書いたりしたわけじゃありません。あれは全部事実ですよ。事実を書いて何が悪いんですか？　新聞だって事実を書いてるじゃないですか。私は悪いことは何もしてません！」

それにしても人間関係の相関図まで書く必要はないのではないか。

「私がＦ葉と仲が悪くなったってことは書かなきゃわからないじゃないですか。一々説明するのが面倒なので書いただけです。言葉で説明した方がよかったってことですか？」

先生は、たとえ事実であろうとも、人が嫌だと思うことを書き込むべきではない、と諭した。しかし、G香は自分は事実を公表したに過ぎず、悪いことをしたわけではないと言い張り、ついには「先生から、いじめをしていないのにしたと決めつけられた」と言って学校を休むようになったという。

お葬式ごっこは作品です

中学3年の夏休み前、クラスの男子生徒I斗が学校に来なくなった。先生が他の生徒に確認すると、数日前に仲の良かったJ也とケンカになったのが原因ではないかと教えられた。

先生は心配になり、I斗に事情を聞いてみた。I斗は言った。

「吹奏楽部でJ也とケンカになったのは本当です。俺が演奏でミスしたら、あいつが『死ね』って言ってきたから口喧嘩になった。そしたら、あいつ、もう俺と縁を切るとか言いだして、（インスタの）ストーリーに、俺の葬式動画を作って流したんです。お別れですとか言って。みんなにもそれ見られたし。あれって、絶対いじめでしょ」

先生の脳裏に過ったのは、かつて社会問題になった「お葬式ごっこいじめ」だ。クラスのみんなが特定の子の机に花や寄せ書きの色紙を置くようなことが流行ったのだ。被害を受けた子どもの中には自殺に追いつめられた子もいた。

すぐに先生はJ也を呼び出して、事情を聞いた。J也は動画を作ったのを認めた上で言った。

「あれは、俺がI斗と縁を切るのをみんなに知らせるために作った動画作品です。葬式動画なら、俺とあいつの関係が終わったってわかるじゃないですか。悪口書いたり、絶交したって書き込んだりするより、冗談めかした動画の方がソフトですよね」

たしかにSNSに相手の悪口を露骨に書いたわけではない。ただ、被害者のI斗にしてみれば、そんな動画をみんなが閲覧できるSNSに流されれば、さらしものにされたと受け取る。

先生がそのことを指摘すると、J也は答えた。

「ストーリーへの投稿なんで、1日で自動的に削除されるし、見た人なんてほんの数人だと思います。それに嫌いな奴にかかわらないなんて普通のことですよね。それが、なんでいじめになるんですか」

先生とJ也の意見は最後まで食い違ったという。

加害者にいじめの意識はなく

世代によって、これをいじめと取るかどうかは違ってくるかもしれない。まず注目したいのは、二つのケースでは、どちらの加害者も罪の意識を持っていないという点だ。

先生方によれば、学校で起こるいじめの多くで、この傾向が見られるそうだ。加害者側に、いじめをしているという自覚以前に、自分の言動が相手に苦痛を与えたという気持ちがないのだ。

なぜなのか。先生（中国、30代女性）は話す。

「学校には、人間関係を築く力が弱い子がたくさんいます。コミュニケーションが下手なので、友達の作り方だとか、関係を維持していく方法がわかっていない。だから、ほんの少しでもうまくいかないことが起こると、**変な解釈をして相手を攻撃するようなことを言いだす**のです。これを言ったら、余計に状況が悪くなるだろうと思う言葉を平気で口にしたり、ネットに書き込んだりする。その結果、あっという間にそれまでの関係性が崩れてしまうのです」

人付き合いが苦手な子どもは、常に相手が自分に合わせてくれることを前提に物事を考える傾向にあるそうだ。自分がこうしてほしいと思うことを、相手が必ずしてくれるという根拠のない期待を抱く。

ゆえに、わずかでも理想通りにならないと、その原因を考えず、一方的に「裏切られた」「もう自分たちは終わった」「自分だけが損をした」と考え、激しい言葉で相手を罵る。彼らにとってあくまでも自分は被害者という立場であり、悪いのは相手なのだ。

先の女子生徒のエピソードがそうだろう。

Ｇ香にしてみれば、以前好きだった男子生徒が友達のＦ葉と付き合うのを知っていい気持ちがしないのはわかる。だが、Ｆ葉にとっては過去の話だし、そこまでＧ香に気をつかっていられない。

にもかかわらず、Ｇ香は自分の思い通りにならないことに腹を立て、「裏切られた」と激昂《げきこう》した。そして、一方的にＬＩＮＥのグループから排除しただけでなく、事実だからという理由で、男子生徒との交際の事実や人間関係の相関図をネットに書き込んだのである。

男子生徒のエピソードも同じだ。

J也はI斗が演奏を間違えただけで不必要なほどの暴言を吐いた。悪いのはJ也だろう。それなのに、J也はI斗から反論されたという理由で逆上し、縁を切っただけでなく、そのことをSNSの動画で拡散させた。

加害者たちに共通するのは、相手への反応が必要以上に過激なことだ。適切なコミュニケーション能力があれば、こうはならなかったはずだ。

このように見ていくと、Ⅱ部の「校内暴力をする小学生」と重ねずにいられない。大人にすべてを用意してもらい、持ち上げられて育った子どもたちの身勝手な思考と行動が、中学になっていじめという形で現れているのではないだろうか。

言い訳だけは達者

学校を運営していく中では、先生はいじめに限らず、様々な子どもたちのトラブルに介入し、解決しなければならない。その際、悪いことをした子どもがいれば、それをきちんと指摘し、正すのも重要な仕事だ。

だが、ここ数年は注意されても自分の非を認めず、理屈にならない理屈をこねくり回して全力で言い訳をする子が多くなっているらしい。

先生（東海、40代女性）は言う。

「以前まで、生徒たちはいじめをするのも、いたずらをするのも、悪いことをしているという意識があり、見つかれば怒られるとわかっていました。だから教員に見つかって咎《とが》められたら、多少の弁解はしても、最終的には罪を認めて謝りました。だから、説教も数分、長くても20分くらいで終わったものです。
でも、今の子はそうじゃありません。どんなに悪いことをしていても、先生に見つかったら、絶対に認めまいとして必死になって言い訳をする。周りの子たちも同じで無関係だと言い張る。こうなると、とにかく話し合いが長くなる。2、3時間話をしても、ずっと話が堂々巡りということが普通です。こちらも疲れるし、他の仕事が手につかなくなるので、注意するのも嫌になります」

少し前にも、こんなことがあったらしい。

K太という男子生徒が、別の男子が持ってきていたペットボトルに唾を入れたことがあった。K太の友人たちも傍で見て笑っていたらしい。被害にあった男子はそれを知ってショックを受けた。

先生はK太とその友人たちを呼び出し、これは明らかないじめだと注意した。すると、K太は慌てて弁解した。

「違うんです。あれはペットボトルに唾を入れた真似をしただけなんです。それにこいつら（友達）がペットボトルを渡してきたんです。俺はそそのかされたんです」

そんなはずはない。周りはみんなK太が自分でペットボトルを手に取って唾を入れたのを見ていたのだ。だが、それを言っても、K太は「やっていない」「フリです」と頑として認めない。

先生は仕方なく、仮にやっていなかったとしても、真似だけでも被害者は嫌な気持ちになるので、そういう行為を慎まなければならないと注意した。すると、Ｋ太はまた言い訳をはじめた。

「（被害者の子とは）仲が良いんです。だから、あいつは俺がやったことは冗談だってわかります。いじめじゃありません」

被害に遭った子はそうは受け止めていない。先生がそう指摘すると、今度はこう言う。

「あいつ、心が狭いんです。何でもかんでも悪い方に取る。大げさなんです」

Ｋ太はあくまで自分は悪くない、悪いのは、冗談が通じない被害者や、ペットボトルを渡してきた友達なのだと主張しつづけた。

これは友人たちも同様だった。先生が彼らに対して、直接ペットボトルに唾を入れなくても、それを見て笑っていればいじめに加担したことになるのだと注意したところ、こんな弁解をはじめた。

「俺は笑ってません。もともと笑っているような顔をしているだけです。心の底ではかわいそうって思っていました」

「Ｋ太がいきなりふざけて唾を入れたので、僕は止める間もありませんでした」

「唾を入れたのは見ましたが、誰のペットボトルか知りませんでした」

これでは話が終わるわけがないし、多忙な教員が何時間もこんなことに付き合わされれば疲弊するに決まっている。

どうして子どもたちはさっさと罪を認めようとしないのか。先生は言う。

「彼らは悪いことをしたと指摘されるのに慣れていないのでしょう。だから、**ちょっと注意さ**

れると、必死になって自分を守ろうとする。それでああだこうだ言い訳するだけでなく、友人を犠牲にしてでも、自分のことだけは守ろうとするのです」

これと同じ傾向が、親の側にも多々見受けられるという。子どものことで呼び出されて注意を受けると、マシンガンのような口調で言い訳をし、頑として罪を認めないらしい。この親にしてこの子あり、なのである。

このようなエピソードを聞いているうちに、私は子どもたちに同情の念すら覚えた。

他人からの指摘をきちんと受け入れれば、人はそれを自分の成長の肥やしにすることができる。だが、少なくともここで紹介した子どもたちは、それを教えられてこなかったのだろう。だから、どこまでも自分を守ることに必死なのである。

7　教室でも友達をブロック

ゼロか百かの極端な思考

毎朝、関東にあるその中学校の正門には、50代の男性の校長が立っている。学生鞄を持った生徒たちに「おはよう、よく来たね」と声をかけるのを日課としているのだ。

登校中の生徒たちを見ていると、人間関係の変化がつぶさにわかるそうだ。何もなければ、子どもたちはいつも同じメンバーで登校する。だが、たまに友達が入れ替わっていたり、独りぼっちだったりする子がいる。

校長が担任の先生に確認をすると、少し前までは「部活でレギュラーを奪われて仲が悪くなったみたいです」などわかりやすい報告を受けた。しかし、最近は理解できないような仲違いの理由が増えているという。

校長は言う。

「今の子はほんの些細な理由で友達と絶交します。少し前に聞いたのは、親友のように付き合っていた女子同士が同じスニーカーを持っているという理由でケンカをしたことでした。それぞれ夏休みにスニーカーを買って、2学期から履いてきたので、どっちが先に買ったのかはわからない。それなのに、お互いに『真似された』と言って小競り合いになったのです。こんなどうでもいいような理由で、友達との関係を切る子が増えた印象があります」

他の先生方も同様のことを指摘していた。仲違いの理由には以下のようなものが挙げられた。

・家でショートケーキを作ったと話したら、友達から「ショートケーキは嫌い」と言われてショックを受け、それから絶交した。
・毎日オンラインで一緒にゲームをやっていたのに、ある日その友達が別のゲームを購入した。そのことが嫌で、彼と話すのをやめた。
・授業中に、信頼していた友達がシャープペンシルを貸してくれなかったので無視することにした。

・マラソンで友達が自分を抜いた時、「乙《オツ》」と嫌味っぽく言われたので突き飛ばした。

・給食の際、自分に多く盛り付けをしてくれと友達に頼んだが、やってもらえなかった。それに腹を立て、無視することにした。

感性は、人によって違う。同じことをされても、ショックを受ける子と、そうでない子がいる。それを差し引いても、ここで挙げられた例は、仲の良い友達と絶縁するほどの理由だとは思えない。もし嫌だったとしても、これくらいなら聞き流したり、「やめてくれよ」と言ったりすれば済む話だ。それがなぜ、無視や絶交にまで発展するのか。

先生（関東、40代男性）は、子どもたちの感情のグラデーションが乏しいことが一因ではないかと語る。

「何か嫌なことがあっても、ちょっと嫌なのか、本当に嫌なのか、絶交するほど嫌なのかって違いますよね。仲違いの仕方にしても、こういう奴だと割りきって付き合うのか、挨拶をする仲くらいに留めるのか、完全に無視するのかは違う。

今の生徒たちは**自分の感情を正確に分析して把握することが下手**なんです。ゼロか百かしかない。好きだったら全部好き、嫌いだったら全部嫌いとなる。だから、些細な理由で、あっという間に縁を切ってしまうんです」

人付き合いが上手な人は、何か嫌なことがあっても、相手にかける言葉を選んだり、行動を自制したりすることができる。だから、ほどほどの関係を維持できる。

だが、そうでない人は、感情や関係性のグラデーションが乏しいので、「オール・オア・ナッシング」の思考になりがちだ。そのため、ちょっとしたことでも相手を完全に否定し、切り捨ててしまう。

断定口調はどこから来るのか

オール・オア・ナッシングの思考と似ているのが、子どもたちの断定口調だ。

学校で何か問題が起きれば、先生は当事者の子を呼び出し、事情を聞くことになる。その時、かなりの確率で次のような言い方をされるという。

「先生、みんなが〇〇してくるんです！」

あるいはこういう言い方だ。

「絶対に〇〇に違いありません！」

子どもたちは自らの困難を説明する際、「全員が〜」「常に〜」「絶対に〜」「必ず〜」といった断定口調を使うのである。

先生（関東、50代男性）は言う。

「生徒たちから相談を受けていると、どうしてそんなに極端に考えるんだって思うことがしょっちゅうなんですよ。それって君の被害妄想なんじゃないかって言いたくなることが山ほどある。たとえば、『クラス全員が俺の悪口を言っている。教室に入るのは絶対ムリ』とか『みんなが筋トレとか無意味って言ってた。だから俺は百パーやらない』といった感じで話が進んでいく。思考の幅が狭いというか、融通が利かないというか。だから、こっちがアドバイスをしても聞こうとしないんです」

この先生のエピソードを紹介しよう。

ある日、中学3年の男子生徒が、同じクラスの女子生徒にストーカーまがいのことをした。ＳＮＳで好意を示すようなメッセージを毎日大量に送ったり、その子の下校姿や家の写真を勝手にアップしたりしたのだ。女子生徒は先生に相談した。

先生は生徒指導室に男子生徒を呼び出して、女子生徒が困っているので言動を控えるようにと注意した。その時の会話はこんなものだ。

先生「彼女は君の行動で迷惑している。自分勝手な行動は、相手を傷つけるだけだから気をつけなさい」

生徒「そんなことないですよ。みんなから、彼女は俺のこと好きだって言われたもん。プッシュすれば絶対うまくいくって。それに写真撮ってもらったら、女子は全員喜ぶんですよね。だから別に迷惑じゃないはずです」

先生「ちょっと待ちなさい。みんなって、いつ誰がそんなことを言ったんだ？」

生徒「○○君がＬＩＮＥのグループでそう言ってきました」

先生「○○君だけだろ。それは、みんなじゃないぞ」

生徒「ＬＩＮＥのグループで言ってたし、他の人も（メッセージを）見ていたからみんなです」

先生「……じゃあ、なぜ写真を撮ったら女子全員が喜ぶって思ったんだ」

生徒「ネットに書いてありました。女子は写真撮られたら嬉しいって」

先生「どこのネットだ」

生徒「忘れました。でも、絶対書いてありました。見たもん」

両者の会話はまったく噛み合っていない。どうしてこうした思考になるのだろう。先生は話す。

「今の生徒たちはスマホを手にして何でも情報を得られるようになりました。でも、実際に彼らの世界が広がったかと言えば、まったくそうじゃない。**自分の都合のいい情報を選んで、都合よく解釈しているだけ**なんです。

たとえば、生徒たちはグループLINEに書き込んだことは、みんなが共有したので、それは全員の総意だと捉える。また、ネットはパブリックなものだからフォロワーの多いユーチューバーの発言や書き込みは真実だと考える。実際にグループLINEで発言したのは数多《あまた》のうちの1人だけだとか、ネットの情報が素人による放言に過ぎない、といった思考にならないのです。だから、何でもかんでも『みんな』とか『絶対』と考えるのです」

そういえば、私自身も中学生から耳を疑うような発言を聞いたことがある。取材で子どもたちと話をしていたら、その場にいたほとんどが、「新聞より、ユーチューバーが発信する情報の方が信頼できる」というのだ。理由を聞くと、子どもたちは平然と答えた。

「だって、新聞より、ユーチューバーの方がフォロワー数多いでしょ」

彼らのメディアへの信頼度は、フォロワー数や閲覧数と比例するのだ。それが子どもたちのリアルな感覚なのである。

そう考えると、子どもたちがネットの膨大な情報を精査するのではなく、身近な情報だけを自分に都合の良いように受け取っているという先生の指摘にも合点がいく。ネット空間といえば、大海のように広いイメージがあるが、彼らが実際に接しているのは極めて限定された情報なのだ。

リアル友達をブロック

ここまで見てきた子どもたちに共通するのが、一方的に相手との関係を断ち切ることだ。すでに述べたように、些細なことでも被害妄想を膨らませ、裏切られたと思い込んで、相手を拒絶する。

先生（九州、40代女性）は、次のような表現をする。

「生徒たちにとって友達は、LINEのように簡単にブロックできる対象なんです。何か嫌なことがあれば、『はい、終わったー』と思ってブロックのボタンを押すように関係を消去してしまう。ぶつかってから絶交するまでに、悩んだり、話し合ったりすることがない。衝突、即絶縁なんです」

今の子どもたちは付き合い方が一面的なので、相手を切るのも簡単らしい。

友達と縁を切るのが速い子たちは、別の相手とくっつくのも速いという。グループを解消すれば、また新たな人と付き合って再び2～3人のグループを形成する。分裂と合体をくり返すのだ。

「こういう生徒は、結局のところ誰とも深い付き合いをしていないんだと思います。関係性が浅いから、簡単に別れることもできれば、簡単に別の人とくっつくこともできる。

おそらくSNSの影響もあるでしょう。上辺《うわべ》だけの付き合いしかしていないのに、簡単にフォローを外すことも、フォローすることもできる。ブロックやミュートも可能です。学校での友達との付き合いが、SNSのそれに近くなっているんじゃないでしょうか」

先生方からは、「**LINEのようにリアルでも友達をブロックしたりフォローしたりする**」という声が多数寄せられた。

仮にこれがSNSの影響だとしたら、大人の責任は小さくないだろう。

子どもたちが、日々のコミュニケーションツールとして使用しているSNSには、簡単に人をフォローしたり、ブロックしたりできる機能が搭載されている。彼らはそこで学んだことを、学校という現実の空間に持ち込み、再現しているだけなのだ。

返事はいつも「大丈夫です」

人間関係が希薄になり、ちょっとしたことで瞬時に切り捨てられる時代になったのだとしたら、子どもたちにはより高い危機管理能力が求められる。

だが、先生方によれば、友達関係をうまく築けない子ほど、自己防御が不得意なのだという。

先生（関東、50代男性）の話だ。

「教育現場では、子どもたちのコミュニケーション能力の低さが大きな課題になっています。最近では、外部の講師を招いて、友達とのコミュニケーションの方法を教えたり、『助けて』という声の上げ方を身につけさせたりします。

でも、トラブルに巻き込まれる子ほど声を出すのが苦手です。友達にも、親にも、教員にも相談しない。教員の方から心配して声をかけても、大抵は『大丈夫です』という答えが返ってくる。こちらとすれば、そう言われれば様子を見るしかない。けど、実際はぜんぜん大丈夫じゃなくて、気がついた時には手遅れになっていることが多いんです」

子どもたちは日常生活の中では何でもかんでも「先生、〜してよ」と頼むくせに、深刻な事柄については口をつぐむ傾向にあるという。どうでもいいことなら他人に甘えられても、自分の過酷な現状を直視し、どうしたいのかを言語化することができないのだ。

そのような子どもたちは、あらゆる状況を「大丈夫」という言葉で乗り切ろうとする。この言葉が出たら警戒しなければならない。彼らにとってのそれは、「平気です」「問題ありません」の意味ではなく、「今の私にかかわらないで！」の意味なのだ。

学校図書館の司書の先生（関東、50代女性）が教えてくれた例がある。

ある子どもがずっと本の返却をしていなかったそうだ。司書の先生がそのことを注意すると、子どもは「大丈夫です！」と答えたらしい。ぜんぜん大丈夫ではないはずだが……。後で明らかになったところによれば、その子は「わかっているから、もう言わないで！」の意味で大丈夫と言ったという。

さらに別の日、図書館の片隅で、ある女子生徒が泣いていたことがあった。先生が事情を聞いても答えない。傍に彼女の友達がいたので、先生が呼んで、「あの子はどうして泣いているの？」

と尋ねると、友達は「大丈夫です」と答えた。先生は言葉の意味がわからなかったが、これも後になって、「先生には関係ないから放っておいてあげてください」の意味だったことが判明した。

このように、子どもたちは危機に陥った時、それを自分の言葉できちんと説明するのではなく、「大丈夫」という言葉で濁したり、距離を取ったりする。そうした一時しのぎの言動が、余計に事態の悪化を招く。

また、先生の方も子どもたちに何かしらの異変を見つけても、どこから介入すべきかが難しくなっているという。理由は**「仲違い」と「いじめ」の境界線が曖昧になっている**せいだそうだ。

先の先生は話す。

「生徒たちの仲がこじれたとしても、教員がどこまで関与していいのか微妙なところがあります。クラスみんなで1人の子を仲間外れにしていれば、いじめとして介入するべきでしょう。でも、1人が1人を無視したら、どうなのでしょう？　わざわざ教員が入り込んで、仲を取り持つ必要があるのでしょうか。

難しいのは、一対一の仲違いでも、片方が『いじめられた』と認識したら、それはいじめになることです。場合によっては、第三者委員会が立ち上がり、弁護士や医者や大学教授が集められ、長い時間をかけて全生徒に聞き取り調査まで行わなければならないのです」

子どもたちのトラブルに「いじめ」という言葉を当てはめるのが、もはや時代に合わなくなってきているのかもしれない。

Ⅳ部　高等学校で

1　ＪＫの夢は交通整理のバイト

学歴アピールの時代

現在、日本の学力レベルの高い進学校では、グローバル人材の育成を目標に掲げて、国際感覚を身につけさせるための教育が行われている。

私は取材だけでなく講演会でも、全国のこうした高校に年に数回は赴いている。講演会の後に、子どもたちからＳＮＳでメッセージが届くことがあるのだが、プロフィール欄にある共通点を見いだすことが多い。

それは、高校名が誇らしげに書かれていることだ。「○○高３年国際コース」とか、強豪の部活に入っている場合は「○○高○○部国体出場」とかだ。一流大学の学生も同じで、「○○大、○○ゼミ、国際協力サークル、○○社インターン」などと書かれている。ちなみに、学力レベルの低い学校であればあるほど、学校名を書くことは少なくなる。

学歴は、子どもたちが努力の対価として得たステイタスだ。それをＳＮＳで誇りたいと思うのは普通のことだろう。大人だってそうだ。

有名進学校の先生（関東、50代男性）はこう話していた。

「昔は有名校へ進学しても、すれ違った人に制服や学生鞄で気づいてもらうしかありませんでした。それが今は、ＳＮＳで不特定多数の人に学歴を示すことができます。男子生徒から、学校名を書いておくとフォロワーが増えるとも聞きました。知らない女子が学校名を見ただけでフォローしてＤＭ（ダイレクトメッセージ）を送ってくるようです。文化祭の時も、そうやって知り合った女子が会いに来るといったこともありました。そういう意味では生徒たちが学歴をアピールする場は増えていますし、学歴志向やエリート志向はかなり高くなっているかもしれません」

首都圏の小学校で中学受験ブームが起きていることはすでに述べたが、高校受験、大学受験でも上位校の子どもたちの間では熾烈《しれつ》な受験競争がくり広げられている。

また、こういう子どもたちは早い段階から、国際教育、キャリア教育、起業家精神教育を受けているので、海外留学や海外の企業への就職、それに起業を目指す人たちも多い。総じて、私が学生だった頃と比べて意識が高いといえるだろう。

目標は「そこそこでいい」

だが、すべての高校生の間で同様の現象が起きているわけではない。

先生方に聞いたところ、上昇志向があるのは一部の上位校の子どもたちがほとんどで、高校生全体としては逆にそれは低下しているのではないかという意見が大半だった。

先生（関西、50代男性）は言う。

「うちの学校は、県内ではギリギリ上位校に入るくらいのレベルです。上の下くらいです。なので、学校の成績が中くらいの子であっても、必死になってがんばれば、東京や関西の一流大学へ進学できるくらいの地頭《じあたま》はある。

20年くらい前は、学校の成績がまずまずなら、部活を引退した後に、一流大学を目指してがむしゃらに努力するというのが普通でした。不合格になっても、浪人して同じ大学を目指す子も多かった。

今は、目標を高く掲げてよじ登ろうとする子が減りましたね。**そこそこでいいというような感覚の子がとても増えたんです**。そのため、県内でのランクは変わらないのに、全国的に名の知れた大学へ進学する子が減りました」

企業が採用試験の際に学歴をあまり重要視しなくなって久しいし、学閥もなくなりつつある。結婚の条件に学歴を入れる人も減った。その上、学費が高騰《こうとう》する中で、浪人してまで一流大学進学を目指すのはデメリットの方が大きいという考えにも一理あるだろう。

この先生も一流大学へ行く生徒が少なくなったことを嘆いているわけではない。彼が指摘しているのは、高い目標を持って努力した末に合理的な選択をするのではなく、子どもたちが最初から高い目標を持たなくなっているのではないかという点だ。

先生によれば、子どもたちの意欲の低下が垣間見られるのが進路相談だそうだ。この高校では3年生になって本格的に進路を決めることになるが、こう言う子が少なくないらしい。

「勉強するのが好きじゃないから、今の成績で行けるところでいいです」

「家から近いところがいいです。先生、俺が行けるところを選んでください」

「一般受験で何校も受けて落ちたら受験料のムダですよね。だから、レベルが低くても推薦でいいです」

「友達が○○大に行くって言ってたから、僕も同じところにします」

10年くらい前までは、進路相談で子どもがこういう言い方をすれば、先生は「目標を高く持てば、違う人生が開けるぞ」と焚《た》きつけたそうだ。だが、最近はあまりにこの種の発言が多い上に、何を言っても子どもの心に響かないため、希望通りにしているという。

先生はつづける。

「今、うちの学校の生徒で浪人してまで大学へ行こうとするのは、医学部や歯学部志望の子たちくらいです。それも本人がどうしても行きたいというより、親が医者や歯科医で後を継ぐように求められているから、仕方なく浪人するような感じです。本人たちは、親が医学部以外許してくれないからと愚痴を漏らしていますが」

大学入学共通テスト（旧センター試験）の志願者データによれば、これまで浪人生の志願者がもっとも多かったのは、1994年度入試の19万2208人だ。だが、2024年度は3分の1の6万8220人にまで減少している。

とはいえ、先に述べた社会背景の違いもあるので、学歴の話だけであれば取り立てて騒ぐほどのことではない。ところが、こうした意欲の低下は他のことにも見られるらしい。

夢より過去のデータを重視

子どもたちが意欲を表す言葉として使うのが〝モチベ（モチベーション）〟だ。彼らは「モチベが上がんないから学校行かない」とか「今日、モチベ低いから部活休む」といった言い方をする。進路相談であれば、「モチベないので浪人とかムリです」となる。

進路相談以外では、先生方はどのようなところで意欲の低下を感じているのか。中間レベルの公立高に勤める先生（東海、40代男性）は話す。

「僕なんかは部活によく表れていると思いますね。野球部でもラグビー部でも、体育会系の子は一段も二段も高いところを目指すのが普通でした。甲子園へ出ようとか、花園へ行こうというような目標です。県大会レベルの部でも、今までの最高がベスト8だから、今年はベスト4を目指そうといった意欲があった。

今は、そういう高い目標を掲げる子はほとんどいなくなりました。高望みをしない。去年は3回戦までだったから、今年も3回戦まで行けたらいいねとか、1回戦で負けても楽しければいいよねといったことを平気で言う。教員が『目指せ、全国大会出場！』なんて掲げた日には、何言っちゃってるんですかと笑われるか、パワハラにされるだけです」

昭和のような〝スポ根〟は完全に時代遅れなことは確かだ。ただ、適度に高い目標を持つからこそ、それに向かって努力し、成長するという現実もある。どうしてそういう思考になるのか。

「たぶん**過去のデータ重視、あるいは自分たちの能力重視**になってきているんです。うちの学校のレベルはこれくらいだとか、自分の能力はこれくらいだと数値化して決めつけ、それ以上を望もうとしないんです。

もう一ついえば、よくいう〝コスパ〟や〝タイパ〟でしょうね。自分たちの能力以上のものを目指すのは、効率が悪いと考えている。彼らにとって、高い目標を掲げるのは、非合理的なのです」

目標を高く設定すれば、たしかに失敗することもあるだろう。だが、高校生くらいの年代の子にとっては、挫折の経験は生きていく上での糧《かて》となる。うまくいかなかったけど、ここまで努力ができたぞ、次はこうしようと考えるきっかけになるのだ。

しかし、先生のいう子どもたちは、それを〝人生の汚点〟と受け止めるらしい。だからこそ、高みを目指すこと自体が無意味になる。

部活はキャプテン不在

部活といえば、30代の男性の先生からあるエピソードを教えてもらった。この先生は高校ではテニス部の顧問をしているが、就任初年度にキャプテンを置くことをやめたそうだ。それはある出来事がきっかけだったという。

先生が今の学校に赴任してテニス部の顧問になったところ、部活にキャプテンが不在だった。練習を見に行くと、みんな笑いながらダラダラやっている。

先生は、この部には部員を引っ張るキャプテンが必要だと考えた。そして部員を集めて、キャプテンと副キャプテンを決めたいと言って希望者を募った。誰一人として手を挙げなかった。仕方なく、先生は目をかけていた生徒を任命した。

だが、1カ月もしないうちに、予想外の出来事が起こった。男女のうち女子のキャプテンと副キャプテンがやってきて、退部したいと言ったのだ。理由を尋ねると、2人は答えた。

「去年までは、誰からも何にも言われずに楽しくやってたんです。けど、私たちがキャプテンと副キャプテンになって、先生が作った練習メニューを課したら、みんなから『上手くなりたくて部に入ったわけじゃない』と言われて嫌になりました。私たちも変な責任を負わされるのはストレスです。だからやめさせてください」

先生は悩み、ベテランの先生に相談した。ベテランの先生は苦笑して答えた。

「今の子どもは分相応ということを考えます。部員は自分の実力以上のことをしないし、ましてやキャプテンみたいな地位につきたがらない。そのため、他のいくつかの部では、キャプテンを廃止していますよ」

キャプテンになれば人一倍責任感を持ち、無理をしてでも部員を引っ張っていかなければならない。そのことに耐えられないのだ。

先生はこれを聞き、自分の選択が生徒を追いつめたのだと反省し、キャプテンを廃止することにした。そして、次のように話していた。

「今の子どもは身の丈に合ったことしかしようとしません。自分の限界を自分で決め、成長を望まないのです。こういう子は、競争を怖がって避けようとします。彼らは、**競争を切磋《せっさ》琢磨《たくま》す**

ることではなく、他人とぶつかることと思っているんです。もしかしたら競争の中で成長した自覚を持った経験に乏しいのかもしれません。だから、自分はこの程度だと決めつけて、分相応のことだけを淡々とやっていくのでしょう」

学校での競争は、成功も失敗も含めて成長のためにするものだ。それを相手との衝突と受け止めれば、避けようとする気持ちが生じるのも仕方のないことだろう。

自分のスペック内で夢を見る

学校以外の大人たちはどう思っているのか。

今回私は、首都圏で無料塾や子ども食堂を運営する先生3人にも話を聞いた。彼らはみな「身の丈に合った目標しか持たない子どもが多い」ことについては同意した。

ただ、無料塾や子ども食堂には、低所得家庭の子どもが集まるため、高校の先生とは少し異なった形でそれを感じているようだ。3人の先生が挙げたのが次のエピソードだ。

・17歳の女の子に将来の目標を聞くと、「交通整理のバイト」と答えた。理由を尋ねると、昔自分をかわいがってくれた叔父さんが交通整理のバイトをしていて、「忙しくないし、休むのも簡単だぞ」と教えてくれたからだという。

・高卒後に就職を希望する子どもたちが正社員を目指さなくなった。ある子は、卒業したら、今やっているバイトを継続すると言った。なぜかと聞くと、「今の店長と仲良くやっていけそうだから」「今のバイト先はアッがないから」と答えた。収入が低いことについては、「実家で暮らせばなんとかなるから大丈夫」という考えだった。

・家族愛が強過ぎる子どもは、高い目標を持たない傾向にある。「家族が大事だから高校を中退してバイトしてお母さんにいいものを食べさせてあげる」などという。自分の将来より、家族に良くして褒められたいという気持ちが強い。

・恋愛や結婚願望がない人ほど、目先のことしか求めない。ある女の子は好きなアイドルの追っかけをしながらバイトをして生きていくという。少し努力して何かの資格を取っておいた方が将来有利だと助言すると、「一生独身で生きていくつもりだから、がんばる必要なんてない」という答えが返ってきた。

このような子どもたちがよく口にする言葉があるそうだ。〝スペック〟である。

先生たちが「あの人のようにがんばってみたら」と励ますと、子どもたちは「俺とはスペックが違うから」と答えるのである。

ここでいうスペックとは、「コンピューターの性能＝生まれ持っての能力」を示す。つまり、コンピューターの性能と同じように、**生まれ持った能力が決定的に違うのだから高みを目指したり、競い合ったりしても無意味**だと考えているのだ。

小さな夢を愚直に叶える

子どもたちはどうして自分の可能性を限定してしまうのだろう。その要因として、無料塾の先生は、学校の先生とは別のものを挙げる。

先生（関東、40代女性）の言葉だ。

「格差が開いた今の日本には、そんなに大きな夢を抱けるゆとりがありません。子どもたちは、小さな頃から世知辛《せちがら》い現実を嫌というほど見聞きさせられています。メディアも、親も、みんな『給料が低い』『日本には希望がない』『会社へ行くのがつらい』としか言わない。そんな中で育ってきた子どもたちが、苦しい思いをしてまで他人と競い合うことに関心を持てなくなったり、身の丈に合うことをしていればいいと考えたりするのは当たり前じゃないでしょうか」

私も、子どもたちのこうした嘆きを何度も耳にしてきた。

先日も、ある学校で講演会をした後、有志の生徒約20人とテーブルを囲んで話をした。ここで私が今の仕事について、取材して本を書くことが楽しくて仕方がないと語ったところ、ほぼ全員がキョトンとしていた。どうしたのかと尋ねると、「仕事が楽しいという大人と会ったのは初めてです」という答えが返ってきたのだ。

このような反応は、学力レベルの低い高校であればあるほど強い。きっと親や周りの大人たちが、彼らの前で社会への絶望を口癖にしているのだろう。それを聞かされて育った子どもたちは、知らず知らずのうちに希望を奪われる。

無料塾の先生はつづける。

「小さな夢しか抱けない子たちは、良くも悪くも堅実にそれを実現しようとします。いろんなことを試してみて、夢を少しずつ膨らましていくのではなく、初志貫徹でこれと決めた小さな夢を生真面目につかみ取り、それ以上の高望みをしないのです」

なぜ小さな夢を愚直に叶えようとするのか。その問いに対する答えがこうだ。

「これしかないもん」

おそらく最初に小さな夢を持った時も同じなのだろう。前向きな気持ちでそれを目指したというより、「これしかないもん」＝「せいぜい、スペックの低い私にはこれしかできないだろう」と考えて選んでいるのだ。

それゆえ、彼らはそれで失敗すると、新しく別のものへ切り替えることができない。小さな夢が叶わなかったら、そこで簡単に「もう人生オワタ（終わった）」と挫折してしまうのである。一度のつまずきが、人生のつまずきになるのだ。

大人は、上昇志向の乏しい若者を目にすると、「今の子は気持ちが弱い」と決めつけがちだ。だが、現在は、札幌農学校（現・北海道大）でクラーク博士が「少年よ、大志を抱け！」と語った未来への希望にあふれていた時代とは違う。社会そのものに大志を抱けなくなる要素が散らばっており、子どもたちは身の丈に合った夢を実現するので精一杯なのだ。

2　アカウントの数ほど自分がいる

人格を分割する

高校生になると、ＳＮＳの使用率がそれまでと比べて急激に上がる。

中学生くらいまでは、ＬＩＮＥやユーチューブといったものが主だったが、それに加えてインスタ（高校生使用率＝69・３％）、ティックトック（同＝49・８％）、Ｘ（同＝47・９％）の使用頻度が高まる（ペンマーク「高校生活実態調査」）。

ＳＮＳのアカウントなしでは、高校生活はおぼつかない。今の中学生は、高校受験が終わると、「＃春から〇〇高校」などと発信し、入学前からＳＮＳのグループを形成する。逆にいえば、ＳＮＳをやっていなければ、入学した時点では誰も知り合いがいない〝ボッチ〟からスタートしなければならない。

高校生は１日当たり、どれくらいネットに接続しているのだろう。

１４３頁の統計によれば、２０２３年度で１日の平均利用時間は６時間14分となっている。ちなみに、中学生が４時間42分、小学４～６年生が３時間46分、小学１～３年生が２時間17分だ。学校内でのスマホの使用が禁止されていることを踏まえれば、登下校中だけでなく、帰宅後もほぼネットに接続していることになる。

先生（関西、40代男性）は話す。

「生徒のＳＮＳの使用で気になるのは、自分をいくつにも分割しているところですかね。もともと人っていろんな顔があるじゃないですか。格闘技好きの顔、アニメ好きの顔、声優志望の顔、猫好きの顔などです。それらすべてがその子です。

けど、生徒たちは、**自分の中の多様性を細かく分割して、分身のようなものをたくさん作っています。**そして、この人たちとはこの分身で付き合い、あの人たちとはこっちの分身で付き合うといったことをする。これはＳＮＳの影響としか考えられません」

Ⅱ部、Ⅲ部では、それぞれ小学生、中学生が友達同士で一面的な付き合い方をしていることを紹介した。そんな子どもたちが高校生になってＳＮＳを使用すれば、自分をより細かく分割して人付き合いをするようになるのは必然かもしれない。

子どもたちはインスタでもＸでも、一つのＳＮＳにつき一つのアカウントではなく、複数のアカウントを作っている。今回の取材では、この先生が勤める学校から高３の男女５人に集まってもらって話を聞いたが、１人当たり平均九つのアカウントを持っていた。

彼らにとってそれぞれのアカウントはすべて自分の一面の分身だ。ある男子生徒であれば、漫画『推しの子』ファンとしてのアカウント、文房具マニアとしてのアカウント、○○大へ進学を希望する高校生としてのアカウント、会計士の資格を目指すためのアカウント、クイズ好きのアカウント、他人のＳＮＳを閲覧するためだけのアカウント、日常の不平不満を吐き出すためのアカウントなどを持っていた。

このように、子どもたちはアカウントによって自分の人格をいくつかに分ける。そしてアカウントごとにコミュニティーを形成し、ここでは『推しの子』の話をし、ここでは文房具の情報交換をし、ここでは愚痴を発信する、と使い分ける。

これはこれで、特定のテーマを深め、専門知識を持つ人と出会うための合理的なSNSの使用法だと思う。先生が指摘しているのは、こうしたSNSの使用法に慣れるあまり、**リアルの世界においても自分や他人を分割しようとする**という点だ。

たとえば、先の男子生徒であれば、文房具好きのアカウントで10歳も年上の文房具マニアと出会って、DMでやり取りするだけでなく、実際に会って共に文房具店へ行ったり、カフェで文房具の話をしたりするらしい。だが、お互いに本名は隠したままハンドルネームで呼び合い、文房具以外の話はまったくしない。どこまでも文房具好きとしての関係性なのだ。

先生は言う。

「こうした生き方はSNSの中ではいいのでしょうが、学校での人間関係ではいろんな弊害が出ます。よくあるのが、人のことを一つの顔でしか見ようとせず、別の顔が見えた途端にそれを受け入れられなかったりすることです。

今の生徒は、先生の前ではこういう顔、この友達の前ではこういう顔というように相手や場面ごとに決まった顔しか出そうとしません。SNSの中ではそれで済むかもしれませんが、リアルな世界では本人が隠そうとしても別の顔が見えてしまうものですよね。するとその途端、生徒たちの中には『うわ、もうムリ』といった感情が生まれて関係性が壊れてしまうのです」

先生が教えてくれた高校生のエピソードを記そう。

「騙された」と嘆く高校生

ある日の休み時間、2年生のクラスで生徒間のトラブルが起きた。L樹が同級生のM平の学生鞄を踏みつけて、中にあったペンケースやスマホを壊したのだ。2人は1年の時からクラスが同じで仲良しだった。何が起きたのか。

先生は事態を聞きつけ、L樹を呼んで事情を聞いた。L樹は言った。

「M平が裏切ったんです。それでやりました」

L樹によれば、M平とはスペインのサッカーチーム「FCバルセロナ」のファンとして仲良くしていたそうだ。お互いにバルセロナファンとしてのアカウントも持っていて、SNSでもやり取りをしていた。

ある日L樹は、別のクラスメイトから、M平が持っている他のアカウントを教えてもらった。中学時代に作ったアカウントらしく、主に小中学校時代の友人向けに身の回りの出来事を発信していた。

書き込みにはこうあった。

〈うちの高校、バルサファンが多過ぎてちょっとウザい。最近、格闘技の方が好きになってきた〉

〈うちの高校は低レベ（低レベル）だから、卒業後に就職する奴とか結構いるんだよね。話合わなくてつら過ぎ〉

L樹はこれらの書き込みを見て唖然とした。学校ではあれだけサッカーの話をしていたのに「格闘技の方が好き」とはどういうことなのか。なぜ進学志望であることを教えず、就職志望の自分と付き合っていたのか。

翌日、L樹はM平にそのことを問い詰めた。M平は答えた。

「別にL樹のことを書いたわけじゃない。俺が格闘技好きなのは、おまえが格闘技に興味がないから言わなかっただけだ。それに俺が大学進学志望だなんて一々報告する必要はないじゃん。勝手に検索して、いちゃもんつけるなよ」

L樹は、自分は2年近くもM平の偽りの姿を見せられてきたのだと一方的に怒りを募らせた。そして休み時間に、M平の学生鞄を床に叩きつけて踏みつけ、ペンケースやスマホを破壊したのだ。

この時の経験を、先生は次のように述べた。

「決まった顔だけで付き合っていると、**別の顔を見た時に『裏切られた』と思うことがよくあるんです**。相手を全人的に理解することに慣れていないので、そういうふうに捉えてしまうんでしょうね。バルセロナファンとしては付き合えるんですが、格闘技ファンとしてのM平、大学受験をするM平は受け入れられない。そうやって起こる生徒間のトラブルもあるのです」

物を壊したL樹も悪いが、M平にしても何でもかんでもネットに書くのはいかがなものかと思う。だが、お互いにそういう配慮ができないからこそ、この種のトラブルが続発するのだろう。

用途によって違う恋人

高校生たちが分割するのは自分だけではない。相手にもそのことを求める。先生たちの話で私が意外に思ったのが、異性までも分割し、それぞれ違う役割を求めるという話だ。

先生（九州、40代女性）の言葉だ。

「最近の生徒たちの話を聞いていると、一体恋人ってなんだろうって思うことが時々あるんです。私の時代は相思相愛で順を追ってステップアップできる関係を恋人と呼んでいたと思いますが、今は違うケースも出てきているんです。

私が受け持っているクラスに、毎日一緒に登下校して堂々と手をつないでいる男女がいました。お昼休みも女子生徒が男子生徒にお弁当を作って持ってきて食べたりしていた。私はそれを見て、カップルなんだろうと思い込んでいました。

ある日の放課後、彼らと一緒になったので、何気なく『君たち本当に仲の良いカップルだね』と言ったんです。そしたら、彼らから返ってきたのは『別に付き合ってないです』という答えでした。私が驚いてどんな関係なのかと聞くと、たまに手をつなぐ関係だとか、たまに弁当を作る関係だという。

最初に聞いた時はちょっと信じがたい気持ちでした。それで、なんでそこまで仲が良いのに恋人にならないのかと尋ねると、２人は苦笑いしながら『そこまで深い関係になるのはちょっと……』と答えました。こういう感じで、今の高校生には**友達以上恋人未満の微妙な関係がいく**

つもあるんです」

私のような親世代からすれば、高校生の男女が毎日仲良く登校して、手をつないだり、弁当を一緒に食べたりしていれば、交際しているのと同じだと思うだろう。だが、若者たちからすれば、そういう考え方は雑らしい。

こうした関係性が名称になっているものもある。

・ソフレ〜寂しい時に、添い寝してくれる相手。
・ハフレ〜同様に、ハグしてくれる相手。
・ビリフレ〜失恋をした時に、その傷をいやしてくれる相手。リハビリフレンドの略。
・カモフレ〜恋愛はしないけど、デートはする相手。カモフラージュフレンドの略。

私が高校生だった時代にも、こうした関係性はある程度あったと思う。

だが、ここまで細かく分類されていなかったし、ましてや名称などついていなかった。せいぜい「恋人」と「セフレ（セックスフレンド）」の区別があったくらいだ。そして境界が曖昧だったからこそ、今でいうソフレがいつの間にか恋人になったり、カモフレが恋人になったりすることがあった。

しかし、今は違う。Ⅲ部で見た中学生の「友達の細分化」と同じように、高校生ともなると異性との関係性まで細分化し、境界を明確にしている。これと決めたら、それ以上は踏み入ろうとしない。関係性が固定化しているのだ。

なぜ友達にせよ、恋人にせよ、人間関係をこれほど細かく分類するようになったのだろう。先の先生は言う。

「子どもたちの中にもコンプライアンスが浸透しているんじゃないでしょうか。恋人じゃないのに手をつないだり、抱きしめたりしたら、今の時代はセクハラになってしまいますよね。でも、それに名称を付けて、自分たちは○○だって関係性を主張すれば、決められた一線を越えない限りは咎められずに済む。だからあらかじめ関係性を宣言して自分を守っているのだと思います」

ある男性が、恋人の女性がいるにもかかわらず、別の知人女性と公園で抱き合っていたとする。関係性が曖昧であれば、恋人の女性にとっては、男性は浮気したことになるだろう。だが、知人女性が男性の「ハフレ」であれば、2人の行為は浮気とは言えなくなるということか。

高校生の恋愛なんて、もっと自由で楽しくあってもいいのにと思うのだが、コンプライアンスに厳格な時代では、なかなかそうはいかないのかもしれない。

3 〝ネットの恋人〟がいます

会わなくたって恋人

高校生の恋人観について触れたので、恋愛についても考えてみたい。

思春期の子どもたちにとって恋愛はもっとも盛り上がる話題だ。日々、学校で多数の高校生たちと向き合っている先生の耳には、否応なしに誰々が付き合っているだの別れただのといった話題が飛び込んでくる。

今の高校生はどれくらい恋愛をしているのか。

2023年に、ジブラルタ生命が発表したアンケート結果によると、高校生で「これまでに、恋人がいたことがある」と答えたのは、52・2%だ（ただし、「現在恋人がいる」は18・3%）。

これだけ見れば、高校生はそれなりに恋愛を楽しんでいるように感じるが、少し引っかかるのは内閣府の調査との齟齬《そご》だ。

2022年に内閣府が行った調査では、20代の男性の約7割が「配偶者、恋人はいない」と回答し、約4割が「デートの経験がない」と回答している。世代や調査対象が異なれば、多少のズレが生じるものだが、少し差が大き過ぎる気もする。

先生（関東、40代男性）が、この差について語ってくれた。

「生徒たちの恋愛事情を聞いていて感じるのは、僕らの時代とは『付き合う』の概念が違ってきていることです。調査をする側が昔の感覚のままアンケートを取ると、いろんなズレが生じると思います。学校によって違いますが、個人的には高校生の半数以上が交際経験ありというのはちょっと多過ぎる。本人は交際していると思っても、そうじゃないケースも含まれているんじゃないでしょうか」

子どもたちの「付き合う」の概念が変化しているということは、数多の先生が指摘するところだ。どういうことか。

この先生が象徴的なものとして教えてくれたのが、〝ネットの恋人〟の存在だ。少し前に、神奈川県にある高校でこんなことがあったらしい。

ある日の放課後、高校１年の男子生徒が教室にいた先生のもとにやってきて、恋人ができたと言いだした。男子生徒はそれについて聞いてほしそうだったので、先生は相手はどういう子なのかと尋ねた。男子生徒は胸を張って答えた。

「徳島にある○○高校の高２の子。一個上なんだ」

なぜ神奈川県在住の彼が、四国の徳島県に暮らす年上の女子と付き合うことになったのか。男子生徒は説明した。

「ネットで知り合ったんだ。まだ会ってないけど、ＳＮＳの写真はむっちゃかわいいの」

実際に会っていないのに恋人とはどういうことか。告白したのかと聞くと、彼は言った。

「告《コク》って（告白して）はない。でも、毎日インスタでメッセのやり取りはしてる」

一対一でメッセージのやり取りをしていたら付き合っていることになるのか。彼は答えた。

「うん。だって、ＬＩＮＥのＩＤも教えてもらってるから」

相手も交際していると思っているのか。

「うん、絶対そうでしょ」（確認していないらしい）

直接会ったこともないし、話したこともない。現実的に会えるような距離でもない。それでも今の一部の高校生にとっては、**ＳＮＳで何度かやり取りをすれば、ネットの恋人になるのだ。**

合意なしで交際スタート

振り返ってみれば、確かにネットの恋人の存在については何度か耳にしたことがあった。

初めて知ったのは、２０１３年に奈良県で起きたＬＩＮＥいじめ自殺事件を取材した時だった。中学１年生の女子生徒が、一度も会ったことのない県外の男性とメールのやり取りをし、友人には「恋人」と言っていたのだ。

彼女は家庭や学校でいろんなことがうまくいかず悩んでいたが、それについてはネットの恋人には相談していなかった。そしてついに打ち明けることのないまま、自宅近くのマンションから飛び降りたのである。

当時はまだネットの恋人の存在はあまり広く知られておらず、私にとっても衝撃的だった。もしリアルの彼氏であったら、女子生徒も相談できたし、彼も支えることができたのではないかという複雑な思いが残った。それから10年以上が経ち、〝ネットの恋人〟は当たり前の存在になったようだ。

先の先生の言葉だ。

「ネットだけじゃなく、一対一でカフェでお茶をしたから付き合っているとか、ＳＮＳで〈好きかも〉って自分が書いたから付き合っているなんていう子が大げさじゃなく、普通にいるんです。昔は、どちらかが告白して、相手からいい返事をもらって交際がスタートしましたが、ネットでも現実でもそれが少しずつ通じなくなっている。そういう子たちは、**交際の合意がないまま、『恋人ができた』と言います。**そうした勘違いから起こるトラブルも多いのです」

また、別の自殺事件でいえば、２０１８年に熊本県で高校3年の男子生徒が同じクラスの女子生徒と付き合っていると思い込んで起こした事件を取材したことがある。男子生徒は、交際していると考えていたため、女子生徒が同じ学校の別の男子生徒と仲良くしていることに腹を立て、クラスの友達と共に「浮気だ」などと大声で批判するなどして、女子生徒を自殺に追いつめたのである。

ここまでひどい事態に発展しなくても、片一方が付き合っていると思い込んでいて、もう片方がそうでないと考えていれば、遅かれ早かれ行き違いが生じてトラブルになるのは火を見るより明らかだ。

推しという恋人がいれば

もう一つ、ネットの上での恋愛ということでいえば、現在多くの人々が熱中している〝推し活〟がある。

「推し」にはアイドルや声優のように実在する人物もいるが、アニメやゲームのキャラクターなど二次元の存在もいる。彼らはそうした推しを一方的に好きになり、応援活動をする。これが〝推し活〟だ。

先生方によれば、高校生の中には実際の恋愛を早々に諦め、〝推し活〟に励む者が年々増えているらしい。先生（東北、30代女性）は述べる。

「生徒たちを見ていると、恋愛感情が二次元の方向に行っているように思います。リアルの人間を愛するのは大変だから、推しを作ってアニメのキャラ、声優、アイドルといった相手を好きになり、全力で応援しようと考えるんです。

推しを好きになるのは、現実の人間を好きになるより簡単でしょうね。片思いと同じで一方的に好きになるだけで成り立つ関係性なのですから。見ているとバイトで貯めたお金で何万円もするネックレスを買って推しに贈ったりしている子もいるので、本当の疑似恋愛なんだろうと思います」

アニメのキャラクターに誕生日プレゼントをわたすには、制作プロダクション宛てにキャラクターの名前を書いて配送手続きをすればいいそうだ。

現在は、誰もが推しを持っている時代だ。ＧＭＯメディアの調べ（２０２３年）によれば、女子中高生の99％に推しがおり、そのうちの77・９％が推しにお金を使っていると答えている。

こうした子どもたちの中には、推しがいながらリアルの人間と付き合っている人もいるし、カップルで共通の推しを応援する人もいる。ただ、そのようなリアルな恋愛をしながら推しがいる子と、恋愛を諦めて代わりに推しに恋愛感情を注いでいる子とでは話は別だ。先生が懸念しているのは後者の方だ。

「驚くのは、推しを『恋人』と呼ぶ子たちがいることです。生徒から恋人ができたと言われたので、どんな人かと聞いてみると、アニメのキャラクターの名前を言うんです。中には、本当にそれが自分の恋人という認識の子もいます。二次元のキャラクターを好きなのと、リアルの恋愛感情で好きなのとの区別がついていないのです」

子どもたちの間で「恋愛」という概念が変わってきているのならば、バーチャルのそれと、リアルのそれを混同するのはありえることだ。なぜ彼らはそこまでバーチャルのキャラクターに思いを寄せるのか。

「推しと恋愛をするのは、わずらわしいコミュニケーションを一足飛びにして恋愛ができるためでしょう。もっと言ってしまえば、彼らは**生身の人間と交際することで傷つきたくない**んだと思います。リアルな恋愛は、告白して断られた時とか傷つくことがたくさんありますよね。しかし、アニメのキャラクターやアイドルならそれがないから安心なんです」

子どもたちの打たれ弱さは、これまでも見てきたことだ。傷つき体験がほとんどない子どもが、それを恐れるあまり交際を諦める気持ちはわからないでもない。

ただ、憂慮《ゆうりょ》するのは、〝推し活〟という言葉が広まるにつれ、それがビジネス化している点だ。今は多くの企業が推し活ブームに便乗し、人々から金銭を引き出そうとあの手この手を使っている。〝投げ銭〟がまさにそうだ。クレジットカードなどを通し、画面上でパフォーマンスをしているアイドルやアニメのキャラクターにネット上で金を贈ることができるシステムである。夢中になるあまり、何十万円という金を投じた子どもたちも続出している。

高校生の恋愛感情が、ビジネスとして消化され、巨大市場となっているのだ。

4　恋愛もコスパ至上主義

オンライン・デートの現在地

高校生たちのリアルの恋愛はどうなっているのだろう。

彼らの出会いは、今も昔も〝校内恋愛〟が中心だ。毎日、学校で顔を合わせているうちに、自然と惹かれ合う。

以前は、他校の友達に頼んで合コンをしたり、他校の文化祭に遊びに行って声をかけたりするなど、自ら足を延ばして学校外に恋人を見つけることも多かった。

今もそういう恋愛意欲のある子は存在するが、学校の先生方の目には、同じクラスや同じ部活など、身の回りで相手を探す子が増えていると映っているようだ。わざわざ遠くまで行って、初対面の相手と話をして、デートに誘うほどのコミュニケーション能力のある子が減っているせいではないかという。

その代わり、高校生の間で急増しているのが、SNSでの出会いから交際に発展するケースだ。高校生は、大人のようにマッチングアプリを使うわけではない。友人のアカウントのフォロワーからお気に入りの子を探してフォローしたり、ハッシュタグ検索で同じ趣味の子を見つけてDMを送ったりして、ネットの中で関係を深めていくのである。

このように誕生したネット恋愛カップルは、デートもネット上で行う傾向にあるそうだ。映画館へ一緒に行くとか、カフェでお茶をするのではなく、それぞれの家で同じ映画を観たり、同じスイーツを食べたりして、SNSを通して感想を言い合うらしい。

他には、オンラインで同じゲームをする、お互いの写真をアプリで加工して見せ合うといったデートもあるらしい。リアルのデートが、〝オンライン・デート〟に取って代わられているのだ。

今回、話を聞いた男子生徒は次のように言っていた。

「**リアルのデートはコスパが悪い**って思う。時間もかかるし、お金もかかる。それにリアルで一対一になったら、何を話していいかわからないし、どのタイミングで帰ろうって言っていいかわからない。でも、SNSならいくら話してもお金かかんないし、いつでも切ることができる」

インタビューに同席していた女子生徒も、この意見に賛同していた。会いたいと思う気持ちはあるけど、実際にデートするのは金銭面でもコミュニケーション面でも負担なので、つい気軽なSNSで済ませてしまう、と。

ベッドインは会ったその日

オンライン・デートの増加を裏付けるデータがある。

愛知県では県内の高校生を対象に大規模な調査を行っている。この中に、「会ってからセックスをするまで一番短かった期間はどれくらいですか?」という設問がある。その結果、図5下のように「会ったその日」と答えたのが、男女とも1週間以内、2週間以内、1カ月以内の3項目を大きく上回ったのである。

調査に携わった高校の先生（60代男性）は、統計を見て焦って情報収集したそうだ。すると、高校生の実態が見えてきた。彼は解説する。

「聞いてみたところ、高校生たちはネットで出会って、ネットでデートしていたことが判明しました。ネットの中で1カ月、2カ月と仲を深めていく。でも、キスやセックスは会わないとできないですよね。それでリアルで会おうということになるので、そのまま相手の家やホテルへ行く。これによって『会ったその日』という回答が多くなるらしいのです。彼らなりの説明でいえば、リアルで会ったのは初めてだけど、実際はSNSでずっと会ってきたということなのですが……」

たしかに出会いも、告白も、デートもすべてSNSで済ませていたら、そうなるのも道理だ。

図5　会ってからセックスまでの期間

●セックスの経験は？

	男性			女性		
	2002	2009	2019	2002	2009	2019
ある	28.0	17.6	14.6	33.8	18.5	12.8
ない	65.4	78.7	81.0	58.8	77.4	82.8
不明・無回答		3.7	4.4		4.1	4.4
全体	100	100	100	100	100	100

●会ってからセックスをするまで一番短かった期間は？

	男性		女性	
	件数	%	件数	%
会ったその日	81	14.3	64	17.7
1週間以内	54	9.6	16	4.4
1〜2週間	48	8.5	21	5.8
2週間〜1カ月	63	11.2	47	13.0
1〜3カ月	136	24.1	82	22.7
3〜6カ月	96	17.0	65	18.0
6カ月以上	87	15.4	67	18.5
不明・無回答	11		4	
全体	576	100	366	100

出典：愛知県私学協会「性教育研究会」と「愛知・思春期研究会」が実施する「高校生の性に関する調査」2019年度

「蛙化現象」の正体

オンライン・デートは時間や金銭の負担を軽減できるが、弊害もあるのではないか。

いくらSNSで付き合っているとはいえ、そこでは相手の一面にしか触れることができない。たとえビデオ通話をしても、その人全体に触れられるわけではないだろう。そもそも、彼らがSNSでの付き合いが楽だと思うのは、SNSの方が自分の一面だけ見せて済ませられるからだ。

そんな2人がいきなりリアルで会ったらどうなるのか。先生（関西、40代女性）は言う。

「生徒たちはよく『会ってみて騙された』といったことを言いますね。ネットでしかやり取りしていなかったので、実際に対面してみたら想像と全然違った。それを『騙された』『裏切られた』って表現するんです。私にしてみれば、それはあなたが軽率なだけだよと思うのですが……。

何にせよ、顔や性格が想像と違ったくらいならいいんですが、悪質なケースだと、お金を請求されたとか、DVされたとかいったことになります。女子の場合は、年上の異性と出会う機会が多いので、よりトラブルになりやすいのです」

最近、SNSを介した児童ポルノ、誘い出しによる性犯罪、それに詐欺などが多発しており、警察庁の「令和5年の犯罪情勢」によればSNSに起因する事犯で被害に遭った未成年は、わかっているだけでも1663人に達している。

この先生が口に出したのは、〝蛙化現象《かえるかげんしょう》〟という言葉だ。2023年の新語・流行語大賞にノミネートされたもので、一般的には、「好意を持っている相手から、逆に好意を寄せられると、途端に気持ちが冷めてしまう」ことを意味する言葉とされている。

先生が言うには、今の子どもたちはリアルで人と付き合う力がないから、ＳＮＳでコミュニケーションを取ろうとするらしい。そんな彼らが、いきなり恋愛で人と向き合ったら、いろんな不安が押し寄せて気持ちが冷めるのも当然となるらしい。

昔だって、手紙や電話で連絡を取っていた相手と実際に会ったら、印象がまったく違ったということはあっただろう。ただ、多面的に人間を捉えることに慣れていれば、そういうものだと受け止められる。

ところが、経験が乏しいと、「騙された」「裏切られた」と受け止めるのだ。

影も形もない恋愛至上主義

高校生の性について少し触れたが、全体的にはどのような傾向が見られるのだろうか。

先の愛知県の調査では、性交経験の有無も聞いている。図５上がそれだ。これを見ると、２００２年、２００９年、２０１９年と性交経験のある子が減少しているのがわかる。

先生（東海、60代男性）は説明する。

「２０００年前後は〝援助交際ブーム〟もあったので、ここ数十年の中でも性交経験者が急激に増えた時期だったんだと思います。それを差し引いても、現在、性交経験者が減りつづけているのは、コミュニケーションが苦手ということが原因になっていると思いますよ。

ある程度コミュニケーションに自信があれば、『当たって砕けろ』じゃないけど、アプローチしようとするじゃないですか。でも、そうじゃないと、最初の告白はもちろん、長い期間をかけていろんなやり取りの中で関係性を発展させていくことに自信を持てない。だから、最初からもういいいやと諦めたり、関係性を持続できずに最後まで行きつかなかったりする子が増えている気がします」

恋愛に興味を示さない子どもたちに、先生が「おまえたちでも好きな子いるんだろ」と冗談半分に言うと、「俺は〝非モテ（モテないキャラ）〟だから」などと答えが返ってくるらしい。自分は恋愛に適さないキャラだと決めつけているのだ。

今回の取材の中で興味深かったのは、ベテランの先生方は高校生の恋愛意欲の減退の原因をコミュニケーション能力の低下に求めていたが、若い先生方はまったく別の理由を挙げていたことだ。

先生（関東、20代女性）は言う。

「高校生が恋愛をしなくなったのは、生き方の選択肢が広がったせいじゃないでしょうか。昔は社会の中に、大人になったら結婚するものであり、若者は恋愛するものだっていう決めつけがあったと思うんです。世の中のそうした空気の中で恋愛することをけしかけられていたので、高校生も恋人を作らなければと焦っていた。

今の世の中には、そういうプレッシャーはありません。今の大人が必ずしも恋愛や結婚をする必要はないと思っているのと同じように、高校生だって恋愛なんてしたい人がすればいいと思っています。だから、恋人がいないことに対して恥ずかしいという気持ちがあまりない。**自分は**

恋愛しないことを選択したのだと割り切っているのです」

この傾向は成人にも見られる。国立社会保障・人口問題研究所の「第16回出生動向基本調査（結婚と出産に関する全国調査）」によれば、交際相手のいない男女（18〜34歳）で「交際を望まない」と答えたのは、男性の場合、２０１０年の27・６％から２０２１年の33・５％に増え、女性の場合、22・６％から34・１％に増えている。

多様な生き方が認められる時代に、恋愛をしないことが一つの選択肢になっているのだとしたら、それはそれで尊重されるべきだと思う。性交経験者の減少は、多様性社会が生んだ現象ともいえるのかもしれない。

5 アプリに囚《とら》われた青春

半数がネット依存傾向

２０２３年、静岡県教育委員会が、県内の小中高生約１万６０００人を対象に行った「ネット依存判定システム」の結果を出した。

これによれば、ネット依存の傾向が見られるのは、高校生で50・１％、中学生が45・８％、小学生が30・６％となっている。中高生で約半数、小学生で３人に１人がそれに当たる。

ネット依存とは、単に長時間にわたってネットに接続しているというだけではない。それによって生活面で様々な弊害が出る状態をいう。

昼夜逆転して学校へ行けなくなる、座り過ぎや食欲減退で身体機能が悪化する、いら立ちなど感情を抑えられずに家族や友人に暴力を振るう、ゲーム課金で多額の金を浪費するといったことである。

小学生くらいまでは、親のスクリーンタイムが子どものそれにも反映されるといわれている。親がネットをしている時間が長ければ長いほど、子どものそれも長くなるのだ。だが、中学、高校と年齢が上がってくると、そこに別の要素が加わってくる。

校長（関西、50代男性）はこう語る。

「高校生には、親子問題、経済問題、学力問題、恋愛問題などたくさんの問題があります。そして、そういう問題を抱えている子であればあるほど、ネット依存になりやすいと思います。

昔は問題のある子は非行に走っていました。学校や家庭が嫌だから、不良グループという別のコミュニティーを作って、そこで生きていた。夜のたまり場が、一種の逃げ場だったわけです。

今は、これがネットになっています。不良をやるのって、忍耐力やコミュニケーション力が必要になりますが、今の子にはそうした力がありません。だから、**わざわざ面倒な不良になるより、家の中でネットを楽しむ方向に流れるんです**」

教育現場では、２０００年代くらいから不良の減少が指摘されるようになったが、入れ違いに増えたのがネット依存だ。

２０１９年にＷＨＯがゲーム依存を「国際疾病分類（ＩＣＤ）」に追加し、正式に精神疾患として認定したことによって、全国的にそれを扱う医療機関が増え、世間の認識も高まった。しかし、その根底に子どもたちが抱える別の問題があることはまだ広くは知られていない。

なぜゲーム依存になるのか。一言でいえば、つらい現実から目を逸らすために仮想現実の世界に逃避するのだ。

家庭や学校で不都合なことがあったとする。子どもたちは自分の力ではそれをどうすることもできないのであれば、いっそのこと目を逸らしたいと考える。それでヘッドホンをつけ、コントローラーを握り、画面の中でひたすら銃を撃ちまくって敵を倒すことに夢中になる。これによって現実を考えずに済む。

大人でも家庭や会社で嫌なことがあった時、アルコールやパチンコによって気を紛らわせて忘れ去ろうとするだろう。子どもの場合は、それがゲームになりがちなのである。

適度に利用する分には、アルコールもゲームも問題ない。だが、それだけになって現実の世界から完全に逃避してしまえば、「依存症」と呼ばれる状態になる。

ゲーム依存は治療が難しいといわれるのは、ここに要因がある。ゲームに没入するという行為は、二次的に発生する現象に過ぎない。真の原因が、本人を取り巻く現実の問題にあるのならば、それを解決しなければ根本治療にはならないのだ。

SNSが引き起こす拒食症

女子がネット依存になるプロセスは、男子のそれとほぼ変わらない。だが、女子は男子と違って、他者との関係性の中に身を置きたがる傾向が強いので、ゲームより、SNSに依存することが多い。

SNS依存で典型なのが、推し活に夢中になって〝投げ銭〟で浪費するといった行為だ。小遣いやバイト代を費やすだけでなく、親のカードを勝手に使用する、売春で稼ぐなどして投げ銭の金を作りはじめれば、立派な依存症だ。

これとは別に、SNSでは、子どもたちが配信する側に回ることもできる。そこで起こるトラブルも少なくないらしい。先生（関西、30代女性）の言葉だ。

「生徒たちは、SNSは情報収集の場だなんて言いますが、虚栄心を満たすツールという側面もあるじゃないですか。インスタやティックトックは、いかに自分がかわいいか、いかに幸せか、いかに贅沢したかを自慢し合うものになっている。

分別がある子なら、それはそれとして楽しめるでしょう。でも、意思の弱い子だと、それに煽られたり、変な影響を受けたりします。うちの学校の生徒でも、SNSに多数アップされたデート画像を見て、『みんなが彼氏と幸せなデートをしている』と焦って、変なマッチングアプリに登録して騙された子がいました。ごく普通の子が、好きなインフルエンサーがタトゥーを入れたことを知り、『かわいい子の間ではタトゥーがブームなんだ』と思い込んで、タトゥーを首に入れたこともありました（18歳未満のタトゥーは多くの自治体が条例で禁止している）。

上手に使っている子が大半だとは思うのですが、生活指導をしている教員の側からすれば、悪い影響を受けている子の方が目につくのです。コロナ禍以降、そうしたことが増加した印象です」

この先生の学校では、1年で2人、摂食障害の一つの〝拒食症（神経性やせ症＝過度なダイエットによって健康被害のある低体重にまでなる疾患）〟で病院へ行くことになった女子生徒が出たそうだ。どちらもSNSから影響を受けたという。

SNSでは、若い女性たちが自分の美しさを誇示するような画像や動画を多数アップしている。時としてそれは〝やせ自慢〟になることも珍しくなく、どれだけ腰がくびれているか、手足が細いか、タイトな服を着られるかという競い合いになる。中には専用の編集アプリを使って、細身にした自分を誇示する人もいる。

一般的な高校生は、ファッション誌を眺めるような感覚でそうしたSNSを閲覧しているが、一部の子は「自分もこんなに細くなりたい」と影響を受ける。そして盲目的にダイエットに励み、自分の細い体の画像をアップして〈いいね〉をもらおうとする。

不幸なことに、ネットにはそうした女性にダイエットの方法を教えるコンテンツがたくさんある。市販のチューブを使って嘔吐《おうと》する方法、海外の怪しいダイエット薬を個人輸入する業者、糖尿病の薬がダイエットに効くと解説するユーチューバー……。使い方を間違えれば、生命の危機に陥る。

先の2人の女子生徒は、このような手段を用いて短期間にみるみるやせていき、学校も休みがちになった。親と先生が心配して何度も説得を試み、ようやく医療機関につないだのである。2人とも病院へ行った時、体重が30キロ台まで落ちていたらしい。

低年齢化する摂食障害は小学生にも

こうした現象は珍しいことではないのだろうか。

私は国立国際医療研究センター国府台《こうのだい》病院で、摂食障害の治療を行っている河合啓介医師に話を聞いた。河合医師は話す。

「1980年代のダイエットブームは、テレビや雑誌で細身のアイドルがもてはやされてはじまったとされています。今の若い子はテレビを見ませんので、SNSから影響を受けていることは大いにありえるでしょう。そのこととの直接の因果関係はわかりませんが、日本では神経性やせ症は低年齢化しています。かつては20代の女性の病気でしたが、今は高校生、中学生、場合によっては小学生にも起きる病気になっているのです」

一般的に、BMIの数値が18・5以下になると「低体重」とされる。特に深刻なのが15以下(身長160センチで体重30キロ台)で、生命の危険にさらされるレベルだ。

同病院内に開設された「摂食障害全国支援センター：相談ほっとライン」に相談に来るBMI15以下の人の年代の内訳は次のようになる。10代が全体の約40%、20代が約20%、30代が約15%。つまり、BMI15以下の重症患者だけ見ても、圧倒的に10代が多いことを踏まえれば、神経性やせ症は低年齢化しているといえるだろう。

ちなみに、神経性やせ症の致死率は、5%と言われている。死因は低栄養による衰弱、つまり餓死の他、心臓不整脈や自殺などだ。

河合医師は言う。

「なんの問題もない子がいきなり神経性やせ症になることは稀です。いじめ、虐待、学業不振、友人関係の悪化など何かしらの要因があり、心に隙間のようなものができる。その時に、**やせることで人から認めてもらって寂しさを埋めるためにはじめるのが極端なダイエット**です。それがやめられなくなって神経性やせ症になっていく。弱い立場の子、うまくいっていない子が、そうした落とし穴にはまりがちなのです」

先の先生の学校で神経性やせ症になった2人の女子生徒がどのような問題を抱えていたのかはわからない。

ただ、先生によれば、2人ともSNSに自分の低体重を自慢するような投稿をしていたそうだ。

SNSは大型バイクのようなもの

ネット依存とまでいかなくても、スマホ使用に頭を悩ませている大人は少なくないだろう。

実は、高校生自身も同じなのだ。私は関西学院高等部で生徒たちがICT委員会を立ち上げたと知って話を聞きに行った。生徒たち自身がスマホの使用時間をコントロールできなくなっていることに危機感を抱き、その弊害を勉強したり、ルールを設定したりする組織を作ったのだ。

その委員会の女子生徒から聞いたのが、次のような感想だった。

「私も含めて高校生の多くが、やりすぎだからやめようと思っていても、やめられない状態だと思います。うちの高校はみんな上の大学（関西学院大）に進めるのでいいですけど、明らかに勉強に差支えがあると感じるし、ＳＮＳが原因で人とぶつかる、炎上するといったトラブルも起きています。たぶん、大人も『やめろ』と言いながら、じゃあ何時間までなら大丈夫なのかって答えられないですよね。私たち高校生もそうなんです」

彼女が特別に意識が高く、スマホ依存への危機感を持っているというわけではない。今時の高校生の多くは、自分がスマホをやりすぎているという自覚が多少なりともある。それでもやめられずにいるのだ。

元中学教員で、現在は兵庫県立大学に勤める竹内和雄教授は話す。

「コロナ禍を経て、子どもたちのネット接続時間は一段と長くなりました。**子どもたちにとってスマホは、大型バイクのようなもの**です。免許も取らずに乗れば、事故を起こしたり、逆走したりするのは当たり前でしょう。

それを防ぐためにはルール化が必要ですが、大人が一方的に決めてしまえば効果は乏しくなると思います。そういうルールには子どもたちは従いません。だから、子どもたちの意見をきちんと汲み取り、使用時間はこれくらいにしようと合意を得てルールを決めることが大事なのです」

子どもがスマホを持てば、常に触れられる状態にある。親が日に2時間と決めたところで、それを守らせるのは容易ではない。依存レベルになっている子であれば、無理やりＷｉ‐Ｆｉを止められたりすれば、逆上して暴力を振るうこともある。

だが、本人が納得して「2時間」というルールを親と一緒に決めたらどうか。

竹内教授が高校生を対象に実施したアンケートがある。それによれば、「親が決めたルールを何度も破った」と回答したのは42・8％だったが、「親と話し合いをして決めたルールを何度も破った」と回答したのは23・1％だった。子どもの合意があるのとないのとでは、ルールが守られる割合が倍ほども異なるのだ。

「国が何にもルールを作らない中で、タブレットを子どもたちに配ってしまったのは大きな問題です。GIGAスクール構想の中でタブレット本体の予算は出しても、フィルタリングの予算を出さなかったので、無制限にやれるようになってしまっている。これでは親にしたってどうすればいいかわからないでしょう。かわいそうですよ。

だから、国や学校が目安となるものを設定し、それをもって親と子どもが家庭の事情に合わせてルールを作っていくことが大切だと思います。そしてそのルールを三者が共有することです。子どもが高校生になってからやらせるのではなく、中学生、できれば小学生のうちにルールを作り、それを守る習慣をつけさせることが改善への一歩だと思います」

先のICT委員会では、高校内だけでなく、近隣の小学校へ出向いて、啓発活動を行うなどしている。小学生にしてみれば、年の離れた大人に言われるより、兄姉のような年齢の近い人たちのアドバイスの方がずっと身に迫るし、意識を変えるきっかけになるだろう。

ICT委員会は数年前に立ち上がったばかりだが、この高校に限らず、現役高校生がそのような活動を徐々に広げていくことができれば、今の小中学生はスマホと適切な距離を取ることに、より意識的になれるかもしれない。

6　無人化する高校

行かずに学ぶ通信制高校ブーム

高校生の青春と聞けば、文化祭などの行事、高校野球などの部活動、生徒間の恋愛といった華やかなイメージが浮かぶのではないだろうか。

２０２２年、コロナ禍の夏の甲子園大会で仙台育英学園高校が優勝を成し遂げた時、須《す》江《え》航《わたる》監督が「青春ってすごく密なので」と語ったことは記憶に新しい。だが、それは名門野球部の話であり、密とは反対の方向へ向かう子どももいる。

これを示すのが、全国的な通信制高校の人気上昇だ。

通信制高校は、通学生コースもあるが、基本的には在宅生コース、つまり自宅にいながらネットで授業を受け、単位を取得して卒業資格を得る形式が一般的だ。

まず、通信制高校の人気ぶりを示す統計から見ていただきたい。図6は文科省の統計にユニバースケープ社がコメントをつけたものだ。ここからわかる通り、**私立の通信制高校の生徒数が急増している**のである。

図6　通信制高等学校の生徒数推移

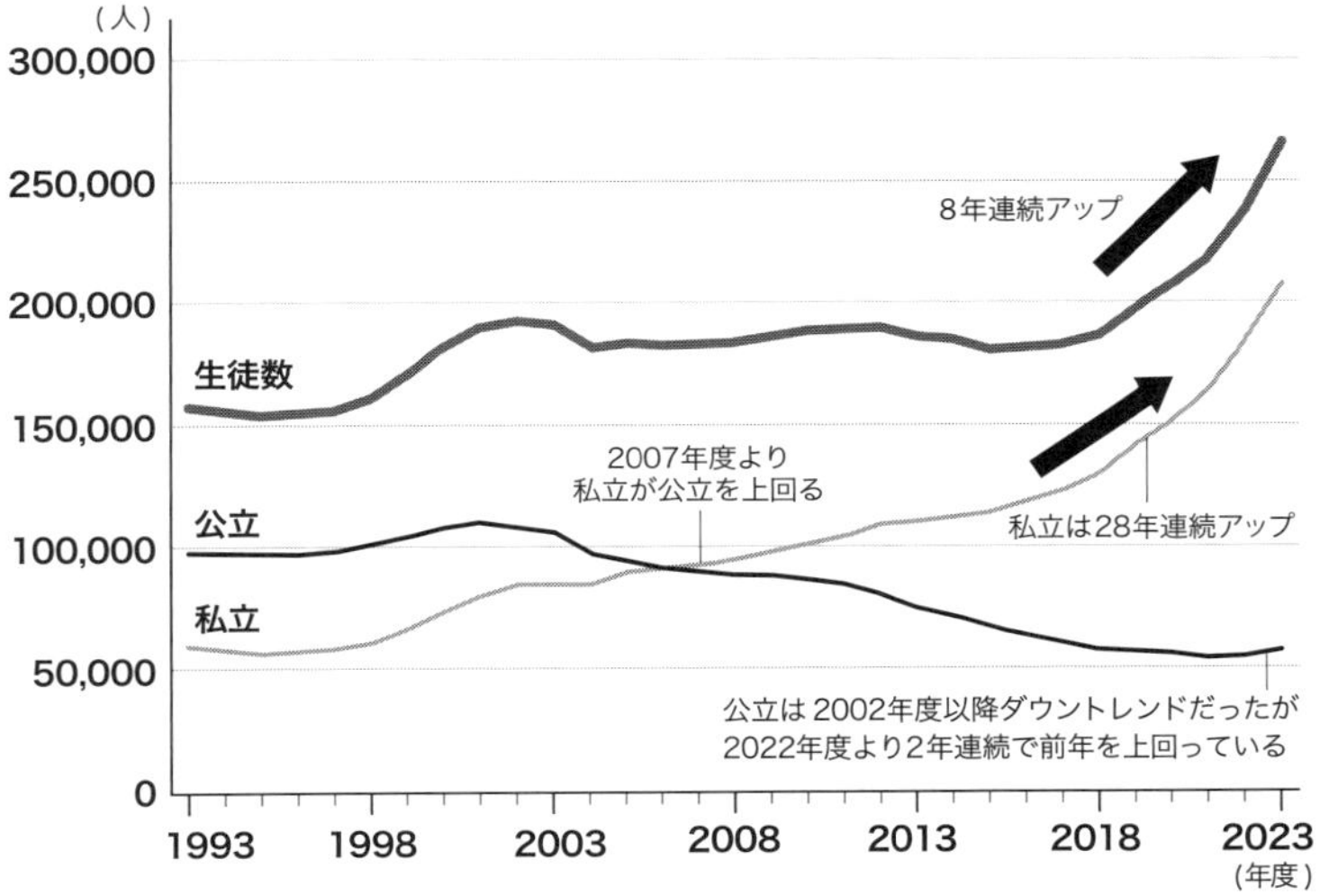

出典：文部科学省「学校基本調査」2023年度

文科省によれば、2023年の5月時点で通信制高校に通っているのは26万4974人。その数は前年比で11・2％増と過去最多を記録している。この数は、日本の高校生の12人に1人に相当する。中学校では1クラスのうち2人が通信制高校に進学している計算だ。

今回取材した私立の通信制高校に、勇志国際高校がある。九州と千葉に6カ所の学習センターを有する学校だ。この熊本学習センターに勤める西島祐次郎センター長は話す。

「全国で私立の通信制高校への人気が高まっているのは事実ですし、かなりそれを実感しています。本校でいえば、10年前は全校生徒合わせて1000人ほどでしたが、今は倍の2000人くらいになっています。

この背景には、不登校の生徒が増えてい

ることが一つとしてあります。小中学校で不登校になった生徒は、人とかかわったり、毎日通学したりするのが苦手です。そういう子たちが自分のペースで学習をつづけるため通信制へ進学するのです」

全国的に不登校が増加していることについては見てきた通りだ。一度学校へ行けなくなると、人と接することに対する抵抗感が大きくなる。それでも、学業はつづけたいし、高校卒業資格もほしい。そういう子どもたちが、無理をせずに学業をつづけられるようにと通信制高校を選ぶことが増えているのだ。そういう意味では、不登校の増加と通信制高校の人気は相関性がある。

ただし、図6を見る限り、それだけでは説明しきれない点もある。2020年くらいからの急激な増加だ。西島氏は説明する。

「コロナ禍の影響です。新型コロナが広まったことで、全国的に学校が休校になったり、オンライン授業化したりしました。他の子は登校していても、感染が不安な人はオンラインで授業を受けてもよくなった。これによって、『学校へ行かなくていい』という考え方が広まったのです。

このような社会の流れも後押しして、生徒たちの間では通学しないことが恥ずかしいことではなくなりました。学校に行かないのも一つの選択肢として認められるようになったのです。そうしたことが余計に通信制の人気に拍車をかけたのではないでしょうか」

私立の通信制高校の人気を象徴するのが、全国最大の2万7000人超の生徒数を誇るN高等学校・S高等学校だ。

この学校では、全国にスクーリング（校舎に行き、対面で授業を受けること）の拠点を設け、専門学校並みの実践的かつ専門的な授業を用意する。さらにはオンラインからリアルまでの多様な行事を行うといった取り組みによって、子どもたちが幅広い選択肢の中から自分に適した学びを選択できるようになっている。

通信制高校の中でも、公立ではなく私立に人気が集まっているのは、そのような子どもたち一人ひとりの需要に応えるために、バリエーション豊かなコースや授業を用意しているためだ。

ちなみに、公立の通信制高校は学費こそ安いものの、学習スタイルや内容が限定されていたり、住所等によって入学できる学校が限られたりしているため、私立に比べると勤労学生の割合が大きい。

ネガティブな選択で進学する子も

子どもによって学び方は様々であり、選択肢は多ければ多いほどいい。子どもたちが主体的にそれを選び、通信制高校への進学を望んでいるのだとしたら、非常にポジティブな流れだといえるだろう。

ただ、先生の目にはそれだけではない現実も映っているらしい。先生（関東、30代女性）は話す。

「通信制高校がいろんな取り組みをしているのは聞いています。私が前にいたレベルの高い全日制高校でも、声優の勉強ができるコースがあるからといって通信へ移った子や、中退後に大学受験に力を入れている通信に入って歯学部へ進学した子がいます。学校によっては、映画に出てくる海外の高校みたいで羨ましいなと思いますよ。

その一方で、生徒を見ている限り、みんながみんな高い志を持って通信へ進んでいるとは言い難いのです。私が今勤めているのは学力レベルの低い全日制の高校です。そのため、毎年一クラスから数人の中退者が出ます。どうして中退するのかといえば、ゲームにのめり込むあまり昼夜が逆転して欠席が増えたからとか、推しの追っかけをしていて学校生活に興味がなくなったからといった理由なんです。

そんな生徒たちに通信へ編入する理由を聞くと、首を傾げたくなる答えが返ってくるのです。たとえば、『通信に行けば時間を気にせずにゲームができるから』とか『通信ならバイトをたくさんして推し活ができるから』なんていう。もっと先を見据えた目標があって通信へ行くならいいのですが、**目の前の娯楽を優先して通信を選んでいる子も存在する**のが現実なのです」

同じことは、中学校の先生方も指摘していた。最近は不登校ではない子どもたちも通信制高校へ行きたがる傾向にあるそうだ。理由を尋ねると、「朝早く起きなくていいから」「満員電車に乗りたくないから」「授業数が少ないから」といった答えが返ってくるという。

こうした志望動機をポジティブな選択と捉えることには無理がある。少なくとも、ゲームや推し活を一時的な享楽のためにしているのだとしたら、前向きとは言い難い。

バズればすべてはＯＫ

通信制高校のデメリットとして指摘されるのは、他の生徒とかかわる機会が少ないため、コミュニケーション能力が養われない点だ。

通信制高校に入学するのは、小中学校で不登校になった経験のある子たちが半数以上だ。そうでない子に比べて、もともとコミュニケーション能力に難を抱えている割合が高い。私立の通信制高校の通学生コースでは毎日校舎へ通うことも可能だが、授業は各々がタブレットで見るだけだし、部活動や行事を通して交わる機会も全日制と比べて少ないので、なかなかコミュニケーション能力が育たない。

それは先生方も感じているところだ。私立の通信制高校で働く先生（関東、30代男性）は言う。

「うちの学校は通学生コースがありますが、生徒たちを見ていると常識の欠如が目立ちます。特に目立つのが、ネットの常識をリアルの常識と勘違いして、学校で変な言動をする子です。たとえば、教員や同級生が話していることを、ネットのゲーム実況の話し方で再現する。本人はそれがかっこいいとか、ウケると思っているらしいのですが、周りは不愉快なだけです。

通信にくる子は、ネットの世界に身を置いている時間の方が長いケースが珍しくありません。そうすると、ネットの常識というか、ネットの考え方をリアルに持ち込んで、トラブルを引き起こすのです」

これを聞いて思い出したのが、別の30代の女性の先生が教えてくれたエピソードだ。彼女が働いているのは全日制高校だが、後述する教育困難校と呼ばれる学力レベルの低い学校であり、生徒の学力は通信制高校とさほど変わらない。

その学校では昼休みに、生徒が持ち回りで放送室から全校生徒に向けた放送をすることになっていた。毎日15分間、お気に入りの音楽を流したり、自分で漫才をしたり、部活やイベントの情報を告知したりするのだ。事前に何をやるのかは先生に申請して許可を取るものの、放送の詳しい内容は本人に一任されている。

ある日、男子生徒が「文章の朗読」をするという企画を出してきたので、先生は放送を承諾した。昼休みに放送室に入った男子生徒は、マイクの前でわざと中国人がなまったような発音で文章を朗読した。そして最後にこう言ったのである。

「1年○組の○○さん（中国人）の真似でーす」

中国籍の生徒の発音をからかったのだ。他の生徒たちの間からはどっと笑いが起こった。

放送終了後、先生はこの男子生徒を呼び出した。

「今日の放送は絶対やってはいけないことでしょ。あれは○○さんを揶揄《やゆ》したことになる。○○さんが傷つくと考えなかった?」

男子生徒はきょとんとして理解できないといった様子だった。先生が言い分を聞くと、彼は答えた。

「だって、超バズったじゃないですか。今年一番ですよ」

この男子生徒は、他の生徒から笑いを取ったことを〝バズった〟と捉えているらしい。

先生はウケたかどうかの問題ではなく、特定の生徒を笑いものにしたのがいけないのだと言った。彼は答えた。

「でもさ、バズったんだから、全然悪いことじゃないでしょ」

彼は大勢に注目されることなら何をしてもいいという考えらしかった。人が傷つくかどうかは二の次だったのである。

このエピソードを教えてくれた後、先生は悩まし気にこう話した。

「SNSには盛り上がれば何をしてもいいといったような感覚がありますよね。一時問題になった、バズらせたいがために起こす迷惑行為がそれです。

生徒たちはSNSの中だけでなく、リアルの世界でもバズることを目指して、信じられないようなことをします。特にコミュニケーション能力の低い子たちは、**バズれば何をしたっていい**と思っています。バズればすべて許されるって。

彼らは他人の気持ちを考えないので、注意されたところで、SNSでいいとされていることをリアルでやって何が悪いのかとしか思いません。私たち教員が、それを懇切丁寧に説明しても、納得させるのは非常に大変です」

今の世の中には、属する社会によって多様なルールが存在する。学校のルール、SNSのルール、家庭のルール……。本来、人はそれらの違いを理解し、それぞれの場面で使い分けなければならない。だが、コミュニケーション能力が低い子たちは、それができず、SNSのルールを学校に持ち込んでしまうのだろう。

コミュニケーションの授業

通信制高校の中には、今の子どもたちのコミュニケーション能力を心配し、一般の教科とは別に、独自に「**コミュニケーションの授業**」を設けているところもある。

学校によって授業の名称や内容は異なるが、本来は日常生活の中で身につけるはずの人付き合いの方法を、授業という形で体系的に教えているのだ。

先に紹介した勇志国際高校でも、コミュニケーションの授業を週に1回のペースで行っている。選択制で1年生から3年生までが集まり、外部から講師を呼んで1年間かけて行うのである。

授業では、講師が生徒たちに演劇をさせることで、多面的に表現の力を植えつけていく。学年の違う子たちが一堂に集まり、全員で話し合って戯曲を一から作り、セットや音楽を考え、セリフを覚え、何かしらの役に扮して自分を全身で表現する。そうしたプロセスの中にコミュニケーション能力を総合的に高める要素がちりばめられているのだ。

西島センター長は言う。

「うちの生徒たちは自分を表現することに抵抗感を持っている子が多いのです。小中学校で失敗した経験がトラウマになっていたり、学校や家庭でコミュニケーションの機会を奪われたりして、自分を表に出すことを恐れている。

今の社会は、必ずしも昭和の時代のような密なコミュニケーションが必要とされているわけではありません。ほとんど人とかかわらなくて済む職業だってある。ただ、コミュニケーションが苦手な子がみんなそういう職業に就いて自立できるかといえば、そうではありません。

学校がコミュニケーションの授業を行うのはそのためです。もし生徒本人が危機感を抱いていて、人とかかわったり、自己表現したりする力をつけたいと思っているのならば、少なくともその機会を用意する必要はある。だから選択制でコミュニケーションの授業を用意しておき、希望した子が参加できるようにしているのです」

私は、これまで複数の通信制高校でコミュニケーションの授業を見学してきた。内容としては、心理学の専門家が対人関係のあり方を教える授業や、ボランティアを通した実践的な体験型授業、それにSST（社会状況に応じた行動をとるためのトレーニング）など確立された手法で行われる授業まで千差万別だった。

ただし、授業の内容はそこまでレベルの高いものではない。嫌なことをされても相手を罵倒する前にちゃんと理由を聞きましょうとか、人に会ったら挨拶をしましょうといった初歩的な内容がほとんどだ。そういう意味では、少々皮肉な表現をすれば、家庭や義務教育が放棄していたことの尻拭いを、通信制高校がやらされているともいえる。

とはいえ、初歩レベルからのスタートだからといって希望がないわけではない。むしろ、最後の砦《とりで》ともいうべき通信制高校で、コミュニケーションを学ばせる意義は大きい。

西島センター長の言葉だ。

「うちの生徒たちの多くは挫折を経て通信制高校に来ているので、自分の苦手なところをわかっていたり、現状を変えたいと思っていたりする子が多い。ただ、あと一歩のところが足りない。あと一歩踏み込めば、あるいは誰かが背中を押してあげれば、扉が開くという生徒がたくさんいるんです。コミュニケーションの授業が、そういう生徒たちの力になることを願っています」

先生によれば、1年間の授業で見違えるほど変わる子もたくさんいるらしい。高校生くらいのうちは、いくらでも挽回の余地があるのも事実なのだ。

7　未来の学校に希望はあるか

教育困難校のリアル

昔は学力レベルが極めて低い高校のことを「底辺校」と呼んだ時代もあった。現在はもう少しソフトな「教育困難校」「課題集中校」などという言葉が使われている。

こうした学校は全日制高校に加え、ほぼ無条件で入学できる定時制高校、通信制高校も含まれる（近年は、農業高校や水産高校などの専門高校は、資格やスキルの習得を目指して入学してくる割合が増えたので必ずしもそれに当たらない）。

中高年の人は、底辺校と聞けば、ドラマや漫画で描かれるヤンキー校をイメージするのではないだろうか。校舎の壁にスプレーで多数の落書きがなされ、窓ガラスが割れ、そこかしこで不良が煙草を吸っているような光景だ。

今はまったく違う。どの教育困難校もごく普通の外観であり、生徒たちもきちんと制服を着て登校している。では、ワンランク上、ツーランク上の学校と同じかといえば、そういうわけではない。生徒の大半が家庭面や精神面で問題を抱えているのだ。

教育困難校に勤務する先生（関東、40代男性）は言う。

「うちの学校にいるのは、7、8割が発達障害と診断されているか、そうした特性があるような生徒です。具体的には、話がちゃんと通じない、勝手にどこかへ行ってしまう、突然パニックになる……。

また、9割が貧困家庭ですね。就学支援金を受けていない子は、クラスに1人か2人くらいです。修学旅行費や卒業アルバム代などの積立ができない、昼の弁当を作ってもらえず、買う金も渡されていない、親が子どものバイト料を搾取している……。収入があっても、親の金遣いが荒く、子どもにまで回ってこないケースもたくさんあります。

他には、片親家庭が目立ちます。うちのクラスだと5割ですが、再婚家庭を含めれば、6割を超すのではないでしょうか。これらの問題が合わさって、親が子どもの教育に無理解、非協力的といったこともあります」

教育困難校をまったく知らない人にとってみれば、にわかには信じがたい現実だろう。だが、この先生の発言は決して大げさなものではない。

地域によって問題も異なり、私が訪れたことのある東海地方の定時制高校では、3分の1くらいが外国にルーツのある子どもたちで、中には日本語での意思疎通すら難しい生徒もいた。こうなると、授業どころか、休み時間の会話すら成り立たない。

こうした学校では、先生1人では授業を回せないので、補助の先生、校長や副校長、通訳、日本語の先生などが授業の手助けにやってくる。教室に3人ぐらい先生がいるのだ。

教員の仕事は福祉のそれ

なぜ、こうしたことが起きているのか。一言でいえば、日本の格差の問題が底辺の高校の生徒に色濃く反映されているからだ。

親が子どもに教育費をかけられなければ学力が下がる、虐待があれば発達障害に似た特性や精神疾患が現れやすい、いじめや差別を受ければ不登校に陥る、親が子どもに無関心なら生活の基盤が壊れる……。幼少期からこのような負の連鎖がつづくことで、子どもたちはレールからこぼれ落ち、心が傷だらけの状態で教育困難校に流れ着くのである。

先生は言う。

「教育困難校では、**教員の仕事は福祉のそれに近くなります**。勉強なんてほとんどやりませんよ。テストについては事前にテストの問題と解答を教えて、それを暗記させせて書かせるだけです。あとは、子どもたちが次から次に起こすトラブルの対応に追われてばかりですね。いきなり学校でオーバードーズ（薬の大量摂取）をしたとか、叫んで頭から窓ガラスに突っ込んだといった子もいる。毎年何人か、家出して行方不明になる子もいます。一教員の仕事の範疇をはるかに超えているのです」

このため、この学校では子どもの問題を専門に扱っているNPOにサポートしてもらっているという。学校に臨床心理士や児童福祉司を常駐させ、本人や家庭の問題に対応してもらうのだ。

他の教育困難校でも、似たような取り組みはよく見られる。

私自身が知っている例としては、子ども食堂を併設している高校、ハローワーク機能を併設している高校、外国人通訳が常駐する高校などがある。どの学校も、先生の力だけでは対処しきれないので、民間の専門機関に支援を求めざるをえないのだ。

そして今、こうした教育困難校が新たな段階を迎えているという。先の先生は話す。

「少子化が進む地方では、学力レベルが一番低い学校は大幅な定員割れを起こしています。定員の半数くらいしか入学しないことがある。そうなると、ワンランク上の学校との合併が起こります。だいたいワンランク上の学校も定員割れになっているので、県が二校を一校にまとめるという判断をする。県にとってはそちらの方が経済的なのでしょうが、両方の生徒がごちゃまぜになった学校はなかなか大変です」

言い方は悪いが、底辺にある教育困難校は防波堤のような役割を果たしていたといえよう。ここに問題を抱えた子どもたちが集中しているからこそ、学校は勉強より福祉の役割に徹して、NPOを受け入れるなど柔軟な対応ができる。

しかし、ワンランク上の学校と合併すれば、そこの生徒たちと一緒になるので、大学受験を見据えて通常の授業を行わなければならないし、民間の支援団体の力を借りることもしづらくなる。このしわ寄せがいくのは、問題を抱えている子どもたちだ。

このように見ていくと、すべての高校を一括りにして、何でもかんでもコスト中心に考えることに限界があることがわかるだろう。学校のランクが10あるとすれば、10通りの役割があると考えるべきなのだ。

大学全入時代の実態

教育困難校に通う子どもたちは、高校を卒業した後、どこへ向かうのだろうか。意外に思うかもしれないが、大学、短大、専修学校へ進学する人の数はそこそこ多いのだ。

2023年度に文科省が出した統計になるが、大学・専修学校への進学者は、定時制高校で4割弱、通信制高校で4割強、全日制の教育困難校の数字は出ていないが、定時制や通信制より多いと思われるため、4~7割になると推測できる。

たとえば、首都圏にある全日制の私立の教育困難校では、卒業生約300人のうち、大学進学が約120人、短大が5人、専修学校が100人、就職が15人、その他が60人となっている。公立高校も同程度だ。地方の方が進学率は下がるだろうが、都市部ではおおむね大学進学が4割前後、短大・専修学校進学を入れると7割に達すると考えていい。

これを可能にしているのが、〝大学全入時代〟と呼ばれる状況だ。近年の日本では、大学への進学希望者の数が、大学の入学定員数を下回りつつあり、計算上は進学希望者全員がどこかの大学に入れるようになっている。

要因としては、1990年代以降、国が法規制を緩和させたことで、大学の新増設が相次いだことが挙げられる。これによって定員数が急増したのに、子どもの数は少子化によって減っていった。その結果、誰もが望めば大学に進学できる状況になったのである。特に地方の学力レベルの低い大学は大幅な定員割れを起こしているので、経営を維持するために誰でも彼でも入学を認めるようになっている。

このような大学の教授（九州、50代男性）は言う。

「レベルの低い大学は生き残りに必死です。1人でも多く生徒を集めなければ経営が成り立たなくなっている。それで入学試験以外にも、いろんな形の推薦制度を設けたり、3次募集、4次募集と入学のチャンスをたくさん用意したりしているのです。入試が実質的に小論文だけといったことも普通です。

驚くのは、ただ学力の低い子だけでなく、日本語もろくにしゃべれない外国籍の子までも入学させている点です。バリアフリーの設備も整えていないのに、聴覚や視覚に障害のある子を入学させる現状もあります。これでは学生は、**大学生活を楽しむどころか、授業を聞くことすらできません**」

一流大学にはグローバル人材と呼ばれる優秀な若者が集い、イノベーションを目指して最先端の研究に打ち込んでいる一方で、地方の無名の大学ではこのような事態が起きているのだ。

そもそも勉強に不向きの子がいる

教育困難校から学力レベルの低い大学へ進学する子どもたちの多くは、講義を受ける能力以前の力が欠落している。そんな彼らが大学へ行けば、いろんな壁にぶつかり、困難を抱えることになるのは容易に察しがつく。

こうした大学の教員から、愚痴のように聞かされるのが次のような学生の姿だ。

・「欠席した友達のため」と言って、講義をＳＮＳでライブ中継する。
・講義の最中に歌をうたいはじめる。
・毎日母親が教室まで送り迎えする。
・本１冊どころか、１枚のプリントすら読めない。
・図書館でスマホの動画をボリューム大にして見ている。
・大学内でのサークル活動がほとんどない。

高校生活すらうまく送れなかった子たちが大学に進学したら、こうなるのは致し方ない。それでも大学は学生を集めなければ潰れてしまうので、なりふり構わず打てる手をすべて打とうとする。本書のプロローグで、大学入学前から「友達の作り方」や「サークルの入り方」を教えたり、入学後も「授業の受け方」「参考書の買い方」を教えたりしている現実を紹介したが、まさにそうしたことをして生徒数の確保に躍起《やっき》になっているのだ。これでは大学教員も研究どころではないだろう。

先の教授はそれを認めた上で、今の大学の姿勢に苦言を呈する。

「私としては、**誰でも彼でも大学へ入る時代って不幸だと思う**のです。人には生まれつきの能力やタイプの違いがあって、そもそも勉強に不向きな子ってそれなりにいるんですよ。こういう子は中卒、高卒で仕事に就いて、職人として腕を磨いて自立していけばいいんです。でも、今はそうじゃありません。勉強が不得意どころか、日本語がしゃべれなかったり、学習障害があったりするような子まで大学へ行っています。それが逆に彼らを苦しめていることに早く気づくべきです」

先生が言う「職人」とは、専門性の高い仕事をする他にも、商店街の個人商店で行われるような家族経営の仕事も含まれていると思われる。

たしかにかつての教育困難校、中でも専門高校に通う子どもは、そのような進路を選ぶことが多かった。漁師の子どもが水産高校を経て漁師になるとか、焼き肉店の子どもが商業高校を経て焼き肉店を継ぐなどだ。

なぜ、それが減ったのか。ここには大学全入時代だけでは説明しきれない要素もあるという。教授の言葉だ。

「今は職人として生きていくのが難しい時代になっています。海外での大量生産が主になっているので職人が活躍できるところが減っていますし、個人商店も経営が難しくなっています。だから、家庭を持てるくらいの収入を得ようとしたら、企業に就職するしかなくなりつつある。それには進学して大卒資格を得ることが重要なのです」

たしかに個人商店の経営が成り立たないのであれば、大型スーパーの正社員として働く道を選ぶしかない。それには、学歴が必要になる。

こう考えると、大学へ進学する子どもたちも雁字《がんじ》搦《がら》めになっているのかもしれない。自分が大学教育に向いていないと自覚していても、大学へ進学して就職を目指すしか、生計を立てる手段がないのだ。だから親も進学を勧めるのだろうし、本人もそうせざるをえない。

現在、大学生で奨学金をもらっているのは全体の5割になる。そのうちの6割は返済が必要な貸与型の奨学金だ。そして学力レベルの低い大学の方が、奨学金受給率は上がるといわれている。つまり、困難を抱えている子どもであればあるほど、数百万円に及ぶ借金をしながら、無理をして大学へ進んでいるのが現状なのだ。

そうしてみると、学校は何のためにあるのか、子どもに必要な教育とは何なのかということを考えずにはいられない。

日本はそろそろ教育全体を見直さなければならない時期に来ているのではないだろうか。

エピローグ――子は親を映す鏡

1980年代に私が通っていた都内の公立小学校には、戦前生まれの鬼教師がいた。子どもたちから陰で「はっせん」と呼ばれた当時50代の男性である。

この先生は、日常的に子どもたちに対して暴力をくり返していた。被害を受けた子どもが痣《あざ》を作る、鼻血を出すは当たり前で、殴られた衝撃で鼓膜が破れた子までいた。

現在こんな愚行に及べばたちまち全国ニュースになるが、40年前の小学校では決して珍しい光景ではなかった。他の教員も止めようとしなかったし、保護者も「あの先生が担任になったのは運が悪かった」と諦めるしかなかった。

そのような時代に比べれば、今の学校は見違えるように安全になった。それは国や社会が長い年月をかけてコンプライアンスを浸透させ、教員の横暴な言動を排除した結果だろう。

私にはこのような記憶があるため、「昔は良かった」という懐古趣味はない。昔の学校の方が明らかにデメリットは大きい。控えめにいっても、自分の子どもをどちらに行かせたいかと聞かれれば、今の学校だ。

しかし、である。それではなぜ、今の学校では不登校、学級崩壊、いじめ、精神疾患、依存症といった事態がこれほどまでに噴出しているのか。

端的にいえば、社会環境が大きく変わり、それまでとは違った問題が生じたためだ。

子どもや学校を取り巻く現在の環境は、数十年前とはまったく別物になっている。失われた30年と呼ばれる時代の中で、少子高齢化が進み、共働きが当たり前になり、格差も拡大した。ネットの普及は、人々を膨大な情報にアクセスできるようにさせただけでなく、コミュニケーションの性質を一変させた。

その象徴の一つが、本書のタイトルにもなった「スマホ」だろう。２００８年以降に日本で広まったスマホは人々の生活の利便性を一気に高め、仕事の質を大幅に向上させた。その恩恵に与っているのは、子どもも同じだ。

一方で、負の遺産もたくさん生み出された。たとえば、文科省の「学校保健統計調査」によれば、小中高生の間で裸眼視力１・０未満の割合が急増している。２０１２年から２０２２年のわずか10年で、小学生では30・68％が37・88％に、中学生では54・38％が61・23％に、高校生では64・47％が71・56％に増えた。

良い面でも悪い面でも数多のものが激変する社会では、子どもたちが直面する困難は別質のものになる。それが、今の家庭や学校で起きている現象なのだ。

本書で行ったのは、現在の社会が、成長段階にある未成年の子どもたちにどんな影響を与えているのかを可視化しようという試みだ。

全編を四つに分け、「保育園・幼稚園で」「小学校で」「中学校で」「高等学校で」と順を追って先生方に話を聞いていったのには理由がある。

子どもの成長は、城の石垣を積み重ねていく作業のようなものだ。最初の段階でズレが生じれば、石垣は斜めになるか、途中で崩れるかする。それと同じで、各年代の生活環境と子どもたちが抱える問題を順番に押さえることで、彼らの困難がどのように膨らんでいるのかを見ていく必要があった。

詳細は本書で述べた通りだが、総じて言えば、子ども以前に、大人が新しい社会のあり方に適応できていない状況が浮かび上がる。

日本の社会でこれほど情報化が進展すれば、「新しい通信技術」「新しい働き方」「新しい子育て」「新しい教育」が次々と生み出されるのは当然のことだ。これらは社会に異次元の効率性をもたらしたが、人々の心や人間関係を豊かにしたといえるのだろうか。むしろ、大人たちは押し寄せる大量の情報に振り回されて寛容さを失い、親族や地域のコミュニティーから孤立し、目の前のタスクに対処するのに精一杯になっているのではないか。そうした中で、不安を緩和し、また自分の時間を確保するために、子育ての一部を外注化したり、スマホに委ねたりするようになっている。

こう見ていくと、今の社会、学校、家庭は、子どもを取り巻く環境を合理的なものへ変えていく一方で、自然な成長の機会を奪っていると言わざるをえない。子どもたちが多様な社会で生きていくのに必要な力を育めないまま大きくなれば、ネット上の大量の情報に翻弄され、コスパやタイパばかりを重視し、傷つかないように自分を守るのに必死になる。そうした傾向は、格差の下層に生きる子どもほど顕著だ。

先述した近年の子どもたちの間で急増している諸問題は、こうしたことの結果として起きているといえるのではないか。

子どもは大人が作った環境で生きることしかできない。ならば、大人こそこの現実を認める必要がある。

「子は親を映す鏡」

このようなことわざがあるが、今の子どもの姿は、現代社会で右往左往する大人たちのあり様を反映しているといえるだろう。

本書では、コロナ禍が学校や家庭の環境を大きく変えたことについても見てきた。コロナ禍が終わった今でも、多くの学校では授業のオンライン配信が継続され、プライベートでも親や子ども同士のかかわりが縮小されている。ただでさえリアルな体験や対面でのコミュニケーションが減りつつあったのに、ここにきてそれが確たるものになったのである。

「ポスト・コロナ」や「ニューノーマル（新しい常態）」とも呼ばれるコロナ禍後の新しい社会の

あり方への変化は、今後ますます加速することはあっても、後退することはないはずだ。それはよりいっそう、子どもたちを取り巻く環境が明和教授のいう「ホモサピエンスの成育環境」から離れたものになっていくことを示唆している。

おそらくそうした時代では、主体性を伸ばすことのできる家庭や学校で育つ子どもと、そうでないところで育つ子どもの差異は決定的なものになる。世界に羽ばたいて多様性社会で活躍できる若者と、ネットのタコツボ化されたコミュニティーに閉じこもる若者とはどこで違いが出るのか、本書を読めば明らかになってくるはずだ。

本書で見てきた子どもたちは、早ければ数年後には大人になり、社会に出て働きはじめるようになる。この時に彼らを迎えるのは、一足早く社会に出ている私たち大人だ。すでに保育園ではデジタルネイティブの若者たちが先生となって、保育に支障をきたしている現状を見たが、今後は毎年そうした〝シン・日本人〟が社会に流れ込み、やがては中核を担っていくことになる。

私は、今の子どもたちを一括りにして、自分の世代と比べて劣っているとは微塵《みじん》も思わない。今の子どもは非常に高い情報処理能力、グローバルな視野、コンプライアンスへの意識を持っている。それは明らかに私の世代にはなかったものだ。

大切なのは、どちらが優れているか否かの議論ではなく、彼らの高い能力を認めた上で、現代社会に欠けているものを正確に見極め、意図的にそれを提供する機会を作り、彼らが自立した大人になるために必要な「総合的な力」を育ませることだ。

本書で取り上げた先生方の言葉を、一部の極端な例に過ぎないと退けるのは簡単かもしれない。

たしかに私の家の近くの公園にいる子どもたちはヘッドガードをつけずに思い切り駆け回っているし、親もスマホを置いて汗だくになって一緒に遊んでいる。だが、今は一般化できなくてもこれを近未来の前兆と捉えて耳を傾け、大人として何をすべきかを考えるのか、それとも目を逸らして安穏と生きていくのか。

時代と社会の大きな転換期である現在、私たちはその選択を迫られているのである。

【参考文献】

『ヒトの発達の謎を解く　胎児期から人類の未来まで』（明和政子、ちくま新書）
『学びとは何か　〈探究人〉になるために』（今井むつみ、岩波新書）
『先生、どうか皆の前でほめないで下さい　いい子症候群の若者たち』（金間大介、東洋経済新報社）
『キャラ化する／される子どもたち　排除型社会における新たな人間像』（土井隆義、岩波ブックレット）
『教育は遺伝に勝てるか？』（安藤寿康、朝日新書）
『「人それぞれ」がさみしい　「やさしく・冷たい」人間関係を考える』（石田光規、ちくまプリマー新書）
『保健室から見える親が知らない子どもたち　大人が気づかない、意外なこころの落とし穴』（桑原朱美、青春出版社）

石井光太（いしい　こうた）

1977（昭和52）年、東京生れ。2021（令和３）年『こどもホスピスの奇跡』で新潮ドキュメント賞を受賞。主な著書に『遺体　震災、津波の果てに』『「鬼畜」の家　わが子を殺す親たち』『43回の殺意　川崎中１男子生徒殺害事件の深層』『ルポ 誰が国語力を殺すのか』などがある。また『ぼくたちはなぜ、学校へ行くのか。マララ・ユスフザイさんの国連演説から考える』など児童書も多い。

ルポ　スマホ育児《いくじ》が子《こ》どもを壊《こわ》す

発行　二〇二四年　七　月二〇日
四刷　二〇二四年一〇月二五日

著者　石井《いしい》光太《こうた》

発行者　佐藤隆信
発行所　株式会社新潮社
〒一六二‐八七一一　東京都新宿区矢来町七一
電話　編集部　〇三（三二六六）五六一一
読者係　〇三（三二六六）五一一一
https://www.shinchosha.co.jp

装幀　新潮社装幀室
組版　新潮社デジタル編集支援室
印刷所　株式会社光邦
製本所　加藤製本株式会社

乱丁・落丁本は、ご面倒ですが小社読者係宛お送り下さい。送料小社負担にてお取替えいたします。

価格はカバーに表示してあります。

ISBN978-4-10-305459-7 C0095